Panorama-Touren zum Genießen

LEICHTE WEGE FÜR SENIOREN IN DEN BAYERISCHEN HAUSBERGEN

MICHAEL KLEEMANN

Süddeutsche Zeitung Edition

Inhalt

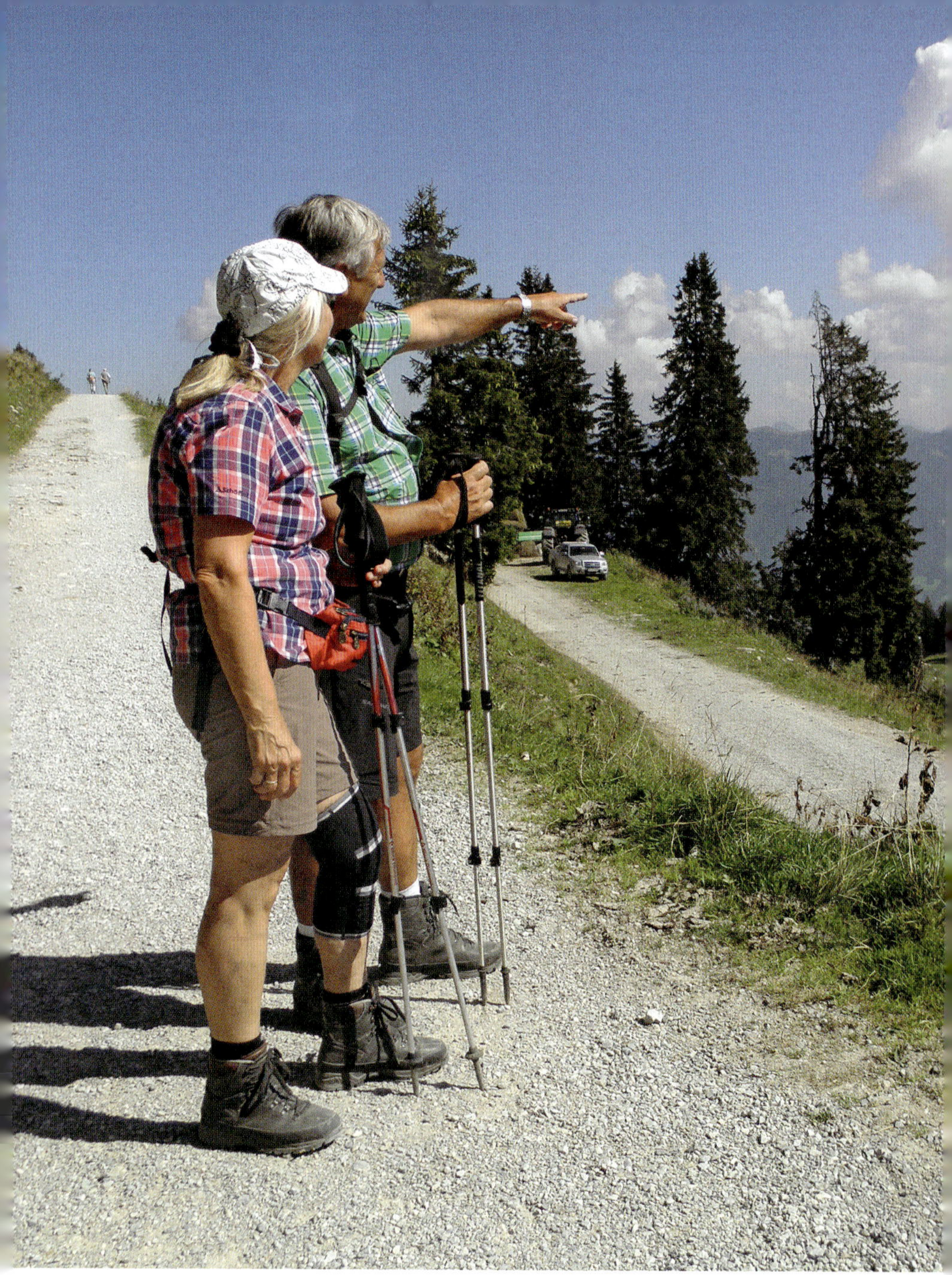

»Schau mal Schatz, da drüben sieht man den ...« Auf bequemen Wegen kann man schon mal in die Bergwelt schauen!

Leichte Wege für Senioren

Der Wunsch nach Wanderungen mit Aufstiegshilfen, um anschließend auf bequemen Höhenpanoramawegen zu wandern, ohne Steine und Wurzeln, bei denen sich zudem die Höhenmeter bergauf wie bergab in Grenzen halten, ist gerade für Senioren von großer Bedeutung. So freut es mich, Ihnen ein Buch mit genau diesen Wanderungen zwischen Ehrwald und Berchtesgaden präsentieren zu können. Meist gibt es für die Tour die Seilbahn als Aufstiegshilfe. Nicht immer kann man da, wo es eine Seilbahn gibt, aber auch eine Wanderung anbieten – mancherorts geht es von der Bergstation entweder steil bergab hinunter ins Tal oder steil bergauf zum Gipfel. Wichtig war es für mich, Höhenwanderungen anzubieten, die zumeist auf bequemen, breiten Wegen verlaufen und schöne Ausblicke auf die umliegende Bergwelt bieten. Deshalb sind in diesem Buch auch vereinzelt Höhenwanderwege beschrieben, die mit dem Auto oder mit öffentlichen Verkehrsmitteln auch ohne Seilbahn gut erreichbar sind.

Als Heilerziehungspfleger war es mir auch bei den Touren dieses Buchs wichtig, auf Barrierefreiheit für Rollstuhl- und Rollatorfahrer zu achten. Das gilt allerdings nur für einige Seilbahnen und ist in den entsprechenden Tourenkapiteln vermerkt. Mit Freude durfte ich jedoch bei der Recherche feststellen, dass einige Seilbahnen an der Vision arbeiten, Barrierefreiheit zukünftig zu ermöglichen, um einer älter werdenden, aber dennoch aktiven Klientel diesen Service anbieten zu können. Das Thema kommt also immer mehr an!

In diesem Sinne wünsche ich Ihnen, liebe Leserinnen und Leser, schöne Naturerlebnisse auf den beschriebenen Wanderungen, eine gute Sicht mit schönen Ausblicken und natürlich viel Sonne!

Mit besten Grüßen aus Bad Aibling
Ihr Michael Kleemann

Wandern im fortgeschrittenen Alter

Allgemeine Informationen

Die Touren dieses Buchs sind detailliert beschrieben, jede Weggabelung sowie andere wichtige Wegpunkte sind hier entsprechend eingetragen. Hier sollten Sie sich problemlos ohne Kartenmaterial zurechtfinden. Die meisten der Touren sind auf breiten, bequemen Schotterwegen leicht zu gehen. Einzelne Ausnahmen gibt es mit steinigen, wurzeligen Wegen, die im Infokasten der Tour gekennzeichnet sind. Dennoch habe ich mich für eine Aufnahme auch dieser Touren in dieses Buch zu den Höhenpanoramawegen entschlossen, da sie nicht nur eine bequeme Aufstiegshilfe, sondern auch fantastische Ausblicke bieten. Zudem sind auch diese Wege bei den Senioren beliebt, was mir eine zusätzliche Orientierungshilfe bei der Auswahl der Wanderungen war. Beispiele wären hierfür die Tour von der Bergstation zum Herzogstand (Tour 6) sowie die Wanderung von der Hochries-Bergstation zum Riesenberg (Tour 24).

Anforderungen, Proviant und Ausrüstung

Die ausführlich beschriebenen Höhenpanoramawege weisen in der Regel nur geringe Höhenunterschiede auf. Ausnahmen bestätigen hier aber auch die Regel, etwa bei der Tour auf die Steineralm (Tour 19) oder der Themenweg bei Garmisch (Tour 3): Hier sind 400–500 Höhenmeter bergab zu verbuchen.

Für alle Touren empfehle ich grundsätzlich Bergschuhe mit guter Profilgummisohle sowie allgemein passende Bergbekleidung, die gegen Wind, Nässe und Kälte bei entsprechender Wetterlage schützt. Auch wenn die Bergwanderungen mit einer Einkehrmöglichkeit angegeben sind, sollten mindestens ein halber Liter Flüssigkeit zum Trinken sowie eine Kleinigkeit zum Essen (etwa Schokolade und Traubenzucker) nicht im Rucksack fehlen. Für alle Touren gehören an kalten Tagen Mütze, Schal und Handschuhe unbedingt mit in den Rucksack. Bei intensiver Sonneneinstrahlung sollte entsprechender Sonnenschutz wie Kappe, Sonnenbrille und Sonnencreme nicht fehlen.

Anreise

Wir empfehlen Ihnen die umweltfreundliche Anreise mit der Bahn. Auf einigen Touren geht es dann vom Bahnhof mit dem Anschlussbus weiter. Bis Kufstein können Sie mit dem Bayernticket fahren bzw. mit dem Guten-Tag-Ticket der BRB, sofern Sie nur mit dieser Privatbahn unterwegs sind. Das günstige Oberland-MVV-Ticket hat den Gültigkeitsbereich im Streckennetz des Oberlands. Auch das Regio-Ticket Werdenfels Richtung Garmisch ist etwas günstiger. Alle diese Tickets sind werktags ab 9 Uhr und an Wochenenden und Feiertagen ganztägig gültig. Einige Bahnhöfe werden mit Eurocity- oder Intercity-Zügen angefahren, hier kann sich auch ein Sparticket auszahlen, so z. B. nach Kufstein oder Wörgl, wenn man dementsprechend mindestens einige Tage vor Reiseantritt bucht. Allerdings besteht dann Zugbindung.

Übrigens, bis Kufstein-Süd können Sie mit dem Auto mautfrei fahren. In diesem Zusammenhang sei aber nochmals gesagt, dass viele Ziele auch mit öffentlichen Verkehrsmitteln erreicht werden können. Das ist gut für die Umwelt und schont Ihren Geldbeutel.

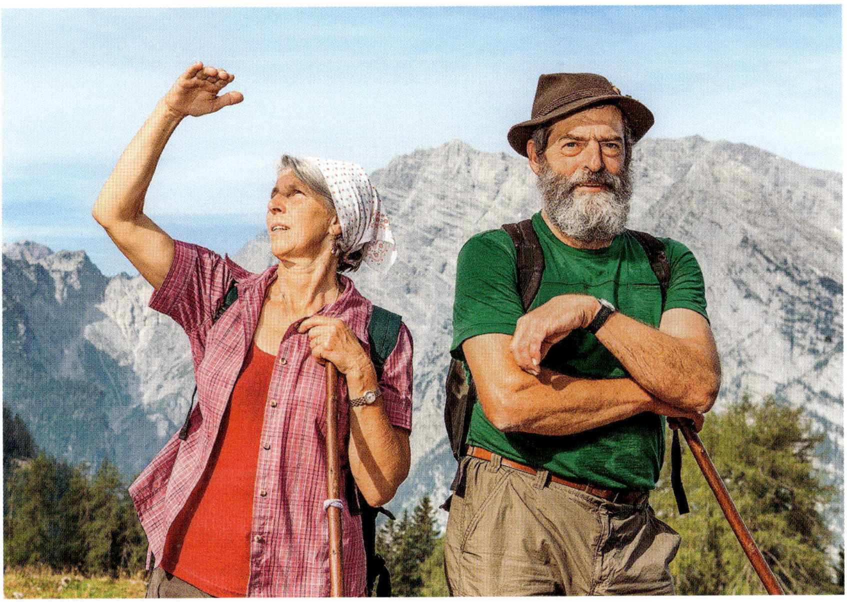

Resi schaut und der Sepp denkt nach.

Wegalternativen

Die Wegalternativen sind in einer kurzen Übersicht angegeben, mit Höhenmetern, Gehzeiten und allen wichtigen Stationen auf der Wanderung. Diese sollen Ihnen einen zusätzlichen Überblick über weitere mögliche Wanderungen in diesem Gebiet verschaffen. Sollten Sie eine dieser Touren ins Auge fassen, empfehle ich auch hier, das angegebene Kartenmaterial zu verwenden.

Anders als bei den beschilderten Schwierigkeitsbewertungen mit den Kategorien Gelb (Spaziergang), Blau (Leicht), Rot (Mittel) und Schwarz (Schwer) habe ich zur Vereinfachung die Kategorien Leicht und Mittel verwendet: Leicht sind gut zu gehende Wege, zumeist auf breiten feinschottrigen Wegen; Mittel sind typische Wanderwege, die auch mit Steinen und Wurzeln versehen sind. Auch wenn nur Wegteile letztere Merkmale aufweisen, sind sie dann als Mittel gekennzeichnet. Bei dieser Einteilung geht es lediglich um die Beschaffenheit der Wege, die Höhenmeter spielen hierbei keine Rolle.

Gehzeiten

Die Gehzeiten orientieren sich an den allgemein gültigen, an den Wegtafeln angegebenen Zeiten. Planen Sie daher, je nach Bedürfnislage, eine entsprechend höhere Gehzeit ein, was die Pausen, das eigene Gehtempo oder das Spielen mit Ihren Enkeln angeht. Besonders warmes Wetter und auch Schnee auf den Wegen kann die Gehzeit verlängern, weil man dann nicht so schnell unterwegs ist. Die ausführlich beschriebenen Touren orientieren sich in ihrer Kategorie Leicht und Mittel an den Gehzeiten.

Kartenmaterial

Ich empfehle Ihnen, für die Wanderungen das angegebene Kartenmaterial zu verwenden. Zumeist handelt es sich dabei um Alpenvereinskarten im Maßstab von 1:25 000. Falls das betreffende Gebiet nicht von AV-Karten abgedeckt ist, sind entweder Karten des Landesamtes für Vermessung und Geoinformation oder von Freytag & Berndt angegeben.

Wetter

Erkundigen Sie sich vor allem bei Bergtouren über die aktuelle Wetterlage. Gerade im Alpenraum kann sich das Wetter schnell ändern. Detaillierte Infomationen erhalten Sie von den ortskundigen Mitarbeitern der zuständigen Tourist-Info.

Winter

Der Klimawandel trägt seinen Teil dazu bei, dass die Berge bis in größere Höhen oft weit über den Jahreswechsel hinaus schneefrei bleiben. Deshalb ist es ratsam, sich bei der Bergbahn vor Ort diesbezüglich zu erkundigen. Für Wege bei Eis und Schnee eine allgemeingültige Aussage zu treffen, wäre nicht seriös, da sich die Wegverhältnisse stündlich ändern können. Damit ist auch Sturzgefahr verbunden. Erkundigen Sie sich deshalb bitte bei der zuständigen Tourist-Info über die Beschaffenheit geräumter Winterwanderwege.

Alles Wichtige für gehbehinderte Senioren, Rollstuhl- und Rollatorfahrer sowie motorisch eingeschränkte Personen

Die Wanderungen

Einige Bergbahnen auf den angegebenen Touren gewährleisten Barrierefreiheit. Ab der Bergstation sollte zumeist das direkte Umfeld mit einer Mobilitätshilfe erreichbar sein. Manche Bergbahnen sind zwar nicht barrierefrei, hier stehen aber Helfer zur Seite, um einen Transfer in die Gondel oder auch in den Sessellift zu ermöglichen. Das ist dann bei den entsprechenden Touren angegeben. Gerade hier ist eine Mobilitätshilfe unverzichtbar. Gewisse Erfahrungswerte bei der Fahrt mit der Gondel sollten ebenso bestehen, sonst kann es unerwartet zu Höhenangst kommen, ebenso zu Problemen durch veränderte Luftdruckverhältnisse. Erkundigen Sie sich daher bei der zuständigen Seilbahn.

Egal, ob Sie sich dann im Umfeld der Bergstation bewegen oder auf der Wanderung sind: Es kann auch Änderungen im Wegverlauf geben, bedingt durch Umleitungen, z. B. bei Baumaßnahmen. Kalkulieren Sie diese möglichen Änderungen ein. Bitte bedenken Sie ferner, ob Sie ohne Begleitung matschige oder neu aufgekieste Wege durchfahren können, und versuchen Sie zuvor, die Situation zu beurteilen. Ich empfehle immer eine Mobilitätshilfe. Rollstuhlfahrer sollten sich zudem auf der Tour immer anschnallen, sonst kann man plötzlich nach vorn fallen, wenn der Rollstuhl in eine Rille kippt. Der Mobilitätshilfe kommt ein hohes Maß an Verantwortung zu. Sie benötigt Kraft und Erfahrung gleichermaßen, um bei Steigungsstrecken entsprechend zu schieben bzw. bei Gefällestrecken abzubremsen. Hier ist eine Betreuerbremse sehr hilfreich. Vor Fahrtantritt muss der Rollstuhl in einem technisch einwandfreien Zustand sein. In jedem Fall sollten Sie ein Handy dabeihaben, das auch Alleinreisende bedienen können.

Behinderten-WCs in den Gasthöfen sind, wenn vorhanden, angegeben. Falls es kein Behinderten-WC gibt, ist ein barrierefreier Zugang angegeben, sofern vorhanden. Für alle, die mit dem Elektrorollstuhl unterwegs sind, können unvorhergesehene Barrieren mehr Probleme bereiten als für einen normalen Rollstuhl mit Begleitung.

Kleidung für Rollstuhlfahrer und deren Begleitung

Neben eingangs allgemein gültigen Empfehlungen bei der Ausrüstung ist im Besonderen an die unterschiedlichen Befindlichkeiten bei Rollstuhlfahrern und Mobilitätshilfen zu denken. So braucht die Mobilitätshilfe als Schiebender weniger wärmende, sondern vor allem atmungsaktive Kleidung. Der Rollstuhlfahrer, sofern er selbst keine Hilfe beim Schieben leisten kann, sollte deutlich wärmer angezogen sein.

Im Winter mit dem Rollstuhl unterwegs

Der Winter stellt Rollstuhlfahrer vor besondere Anforderungen. Da kann ich allen nur absolute Schneefreiheit auf den Wegen wünschen, die Klimaveränderung macht es ja oft möglich. Bei Schnee kann ich mit gutem Gewissen nur geräumte oder gut planierte und gestreute Wege empfehlen – und das auch nur mit einer Mobilitätshilfe. Denn allein reisende Rollstuhlfahrer betätigen mit der Hand den Greifreifen, die aber auch mit einem Handschuh schnell durchnässt oder gar durchgefroren sein kann.

Diese Wegverhältnisse kann ich für alle jene, die mit einem Rollator unterwegs sind, nicht empfehlen. Erkundigen Sie sich deshalb bitte bei der zuständigen Tourist-Info über die Beschaffenheit geräumter Winterwanderwege.

Anreise mit öffentlichen Verkehrsmitteln?

Auch wenn ich selbst ein Fürsprecher für die Anreise mit öffentlichen Verkehrsmitteln bin (allein schon aus dem Umweltgedanken heraus), so muss ich mich für die anvisierten Touren manchmal dagegen aussprechen. Da es meist nach der Zuganreise noch zum Umstieg in den Bus kommt und dazu anschließend oft eine kurze Wegstrecke zur jeweiligen Talstation der Bergbahn zu bewältigen ist, bevor überhaupt erst einmal die Bergbahn zur Auffahrt erreicht ist, muss man eine zu lange Anreise dafür in Kauf nehmen. Und wenn der Anschlussbus (auch wenn so deklariert) nicht barrierefrei ist, kann dies schon das Aus für den anvisierten Ausflug bedeuten. Deshalb möchte ich mich bei diesen doch zumeist weiter und höher gelegenen Touren nicht für eine Anreise mit öffentlichen Verkehrsmitteln aussprechen, sondern Ihnen nach Möglichkeit die Anreise im Pkw mit einer Mobilitätshilfe ans Herz legen, sofern Sie selbst keinen eigenen behindertengerechten Pkw haben.

Eine Anreise mit Taxidiensten vom Heimort zum Ausgangspunkt der Tour, die sich auf Menschen mit Handicap spezialisiert haben, scheidet, was die Entfernung und die damit entstehenden Kosten angeht, meiner Meinung nach ebenso aus. Eine Alternative wäre für einige Touren die barrierefreie Anreise mit der Bahn, um dann vor Ort mit Taxidiensten zu fahren, die sich auf Behindertentransporte spezialisiert haben. Beispiel hierfür sind Touren mit BRB-Anreise sowie die mit AST-Sammeltaxis ausgewiesenen Fahrdienste (www.behindertenkompass.de) für den Landkreis Miesbach, sofern auch die Bergbahn über eine entsprechende Barrierefreiheit verfügt, wie z. B. Wendelsteinbahn und Schliersbergbahn.

Suchen Sie also immer erst die entsprechende Tour aus, um dann nach der barrierefreien Bahnanreise mit den Taxidiensten vor Ort zum Ausgangspunkt der Tour zu fahren. Auch hier ist aber eine zusätzliche Mobilitätshilfe zu empfehlen. Zudem haben die Gemeinde Brannenburg und das Landratsamt Bad Tölz-Wolfratshausen einen Behindertenkompass im Internet ausgewiesen. Es empfiehlt sich ferner, die betreffenden Strecken außerhalb der Ausflugsstoßzeiten – also nicht am frühen Vormittag an Wochenenden – zu benutzen. Erkundigen Sie sich vor Fahrtantritt beim zuständigen Verkehrsbetrieb über die aktuelle Situation der Barrierefreiheit. Aufzüge können ferner auch wegen Wartungsarbeiten gesperrt sein. Zudem ist es wichtig, Ihre Fahrt vorher anzumelden, damit das Zugpersonal informiert ist.

Barrierefreiheit in der Bahn

Im Folgenden finden Sie eine Auflistung der Kontakte für Barrierefreiheit der einzelnen Bahnlinien:

- BRB: www.brb.de/de/service/barrierefrei-reisen, Tel. 08024/99 71 71
- DB: www.bahn.de/barrierefrei, Tel. 030/65 21 28 88
- Ausstattungsmerkmale aller Bahnhöfe: www.bahnhof.de

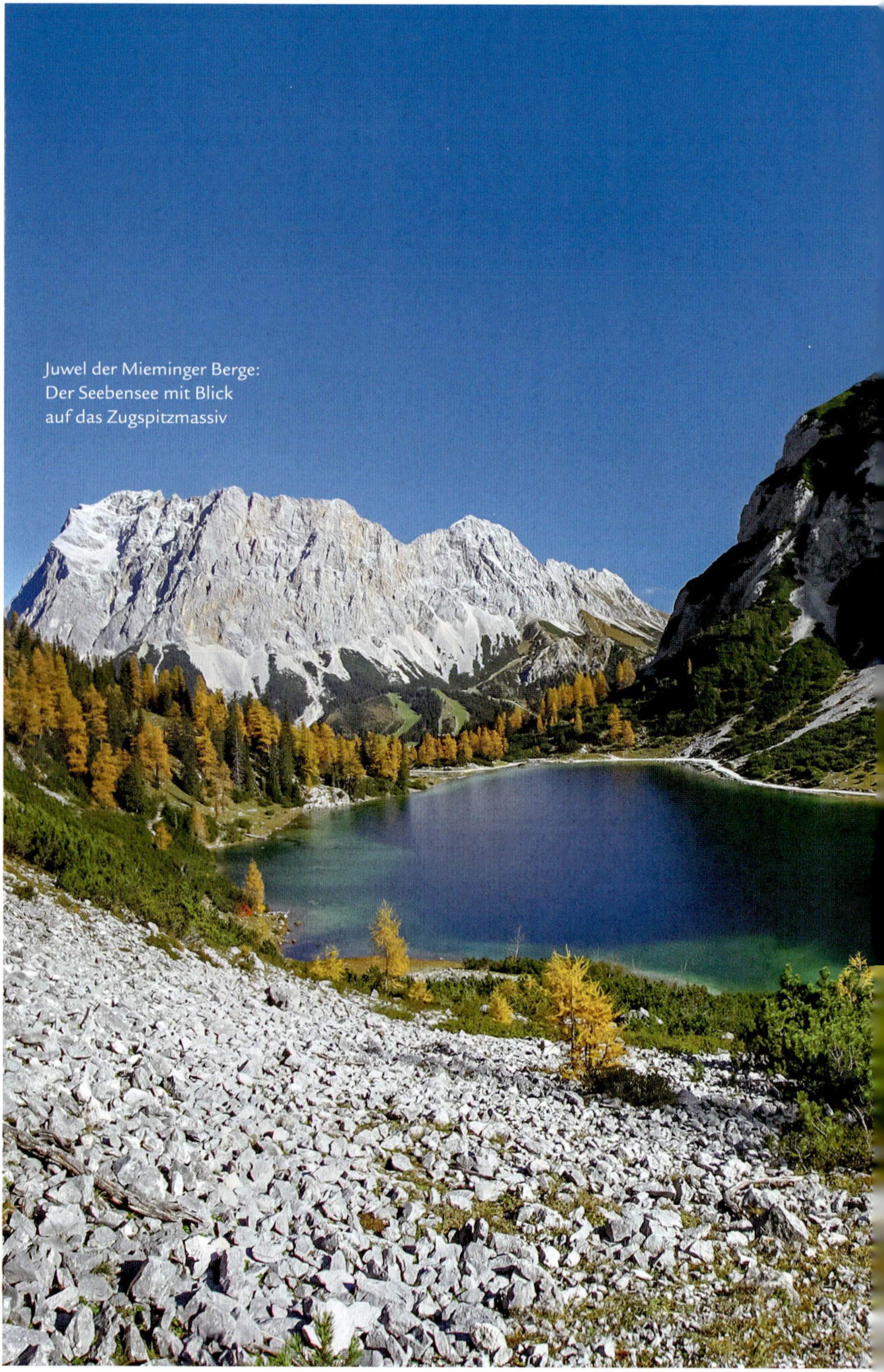

Juwel der Mieminger Berge:
Der Seebensee mit Blick
auf das Zugspitzmassiv

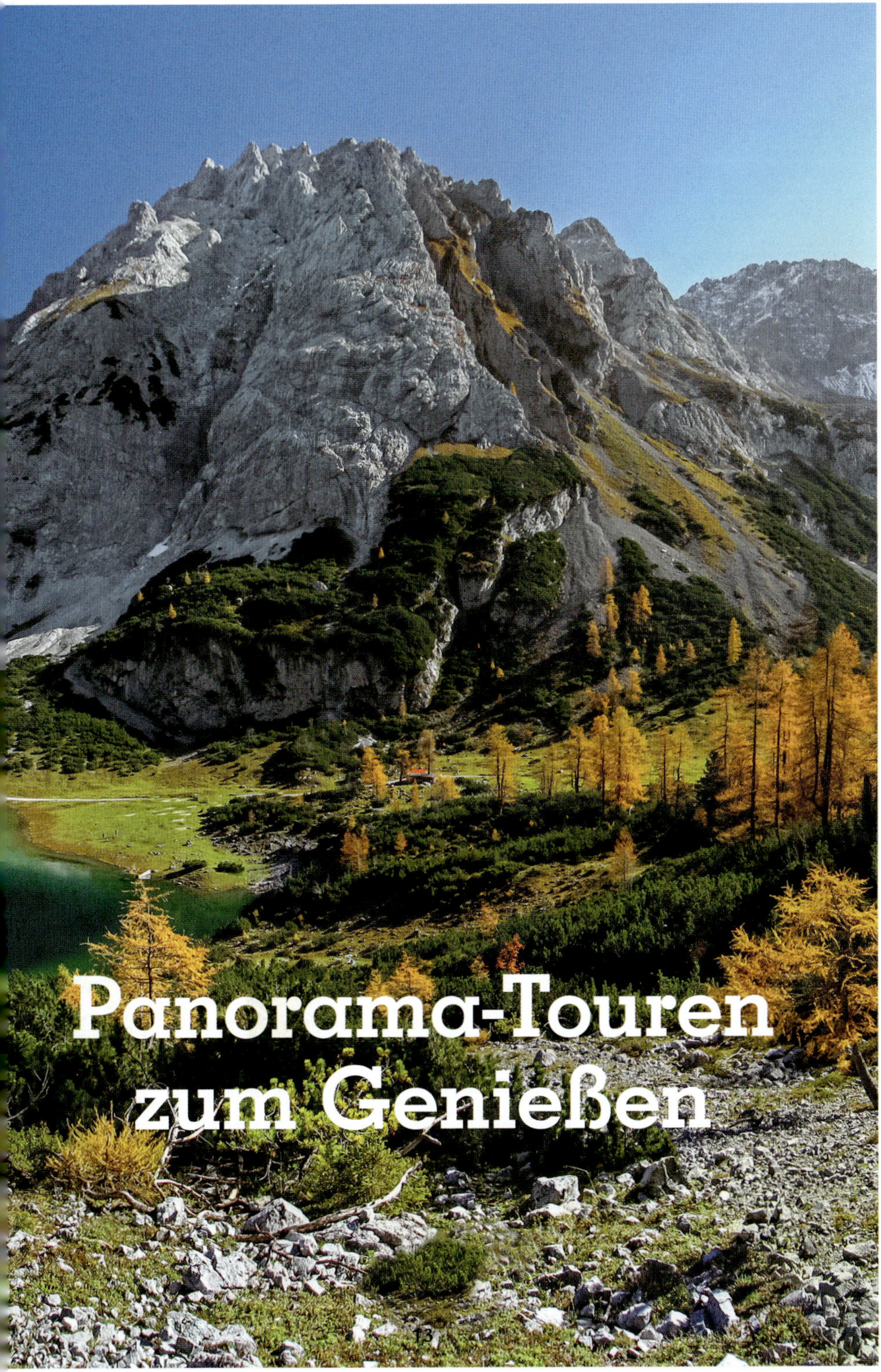

Panorama-Touren zum Genießen

1

Zugspitzblick über dem Seebensee

IM FELSENZIRKUS DER MIEMINGER BERGE

Schon die Auffahrt mit der Bergbahn ist ein Erlebnis. Unter uns liegt Ehrwald, im Süden ragen die Felszacken der Mieminger Berge in den Himmel, und im Norden scheint der imposante Felsstock der Zugspitze greifbar nahe.

Ein angenehmer Almen- und Spazierweg führt von der Bergstation der Ehrwalder Almbahn hinüber zum Seebensee, einem Naturjuwel der ganz besonderen Art: Wie eine türkisfarbene Scheibe liegt der Bergsee inmitten des imposanten Felsenzirkus der Mieminger Berge. Im Osten schaut man dort zum Vorderen und zum Hinteren Tajakopf hinauf, im Süden erhebt sich der Vordere Drachenkopf, und im Westen ist die markante Ehrwalder Sonnenspitze zu bewundern. Geht man an das südliche Ende des Sees, so grüßt der massige Felsstock des Zugspitzmassivs herüber. Mit etwas Glück kann man bei schönem Wetter hier wunderschöne Bildmotive einfangen, z. B. dann, wenn sich die Zugspitze im See spiegelt. Schöner kann ein Ort in den Bergen einfach nicht sein!

Auf dem Hin- und/oder Rückweg bietet sich, je nach Lust und Laune, eine Einkehr in der zünftigen Seebenalm an. So ist der Tag wahrlich eine runde Sache, was die Landschaftseindrücke angeht, genauso wie bezüglich des kulinarischen Ambientes – alles ein Genuss. Durch die Auffahrt mit der Ehrwalder Almbahn sind auch schon die meisten Höhenmeter bewältigt, gerade einmal 180 Höhenmeter stehen bergauf wie bergab noch zu Buche.

Wegbeschreibung

Von der Bergstation wandert man zur Ehrwalder Alm. Dort orientiert man sich linker Hand an den Wegweisern zur Coburger Hütte, vorbei am Berggasthof Alpenglühn. Am Abzweig zur Hochfeldernalm geht es rechter Hand auf dem breiten Schotterweg weiter. An der nächsten Weggabelung folgt man dem Wegweiser »Coburger Hütte« geradeaus. An der folgenden Weggabelung führen beide Wege zur Coburger Hütte – wir wenden uns hier dem Wanderweg zu, also dem linken Weg mit den Wegweisern »Coburger Hütte, Tajatörl«. Den nächsten Wegweiser »Brücke« ignorieren wir, hier geht es weiter geradeaus. Am Abzweig zum Brendelkar und zum Tajatörl gehen wir erneut geradeaus, weiter dem Wegweiser »Coburger Hütte« folgend. Auf Höhe der Seebenalm gelangt man wieder auf einen breiteren Schotterweg. Diesem folgt man nun bis zum Seebensee hinauf. Der Rückweg zur Bergstation der Ehrwalder Almbahn entspricht dem Hinweg.

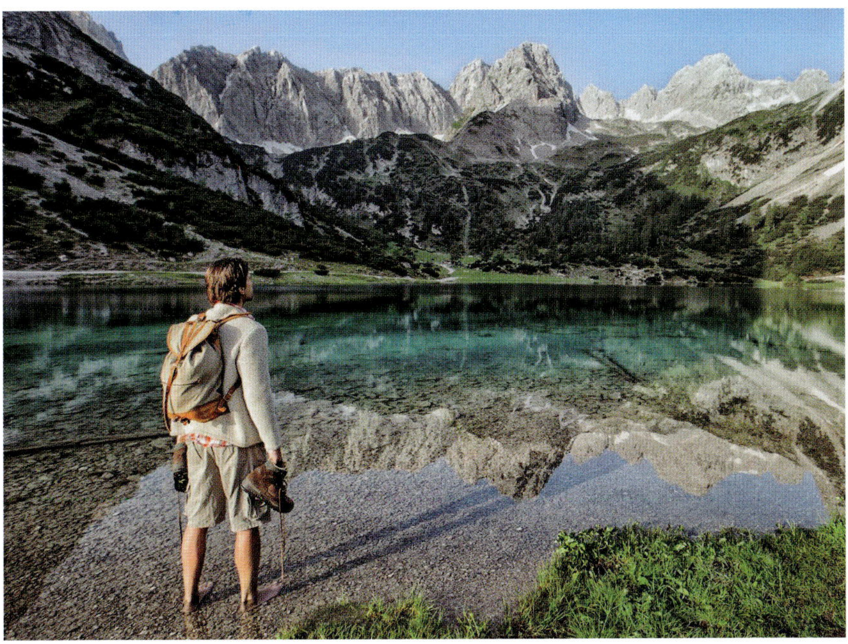

Die Natur spüren: mit den Füßen im Wasser des Seebensees

Die Zugspitze

Ganze 2962 Meter misst Deutschlands höchster Berg, der zum Teil auch auf österreichischem Boden steht. Drei Seilbahnen fahren auf den Gipfel: die Tiroler Zugspitzbahn, die Bayerische Zugspitzbahn (hier mit Zahnradbahn und Seilbahn) sowie die Seilbahn Zugspitze. Die letztgenannte ersetzt seit 2017 die frühere Eibseeseilbahn vom Eibsee auf die Zugspitze und kann mit drei Weltrekorden aufwarten. Ihre Stütze ist nicht nur der einzige Stützpfeiler der Bahn, sondern mit 127 Metern auch die höchste Stahlbaustütze für Pendelbahnen weltweit. Mit 1945 Höhenmetern von der Tal- bis zur Bergstation überwindet keine andere Seilbahn einen größeren Gesamthöhenunterschied als die Seilbahn Zugspitze, und mit 3213 Metern hält sie den Rekord für das weltweit längste freie Spannfeld. Der im Mittelalter gebräuchliche Name für die Zugspitze lautet übrigens »Scharte«. Ihren heutigen Namen verdankt sie wohl den »Zugbahnen« der Lawinen, also den Bahnen der Schneemassen, die im oberen Bereich des Wettersteinmassivs vor allem im Frühjahr und Winter abgingen. Zunächst war der Name »Zugspitz« gebräuchlich, erst im Jahr 1836 leitet sich aus einer Karte der Name Zugspitze ab, der sich schließlich bis heute erhalten hat.

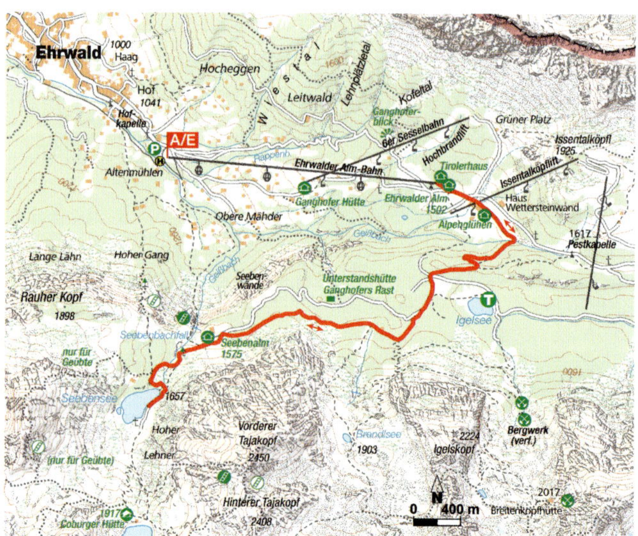

Auf einen Blick

GEHZEIT UND SCHWIERIGKEIT

Mittel | 3 Std. | 180 Hm Auf- und Abstieg | Bequeme Alm- und Spazierwege

ROLLSTUHLGEEIGNET

Mit Bergbahn und weiterer Weg im Umfeld der Bergstation mit Mobilitätshilfe möglich; Behinderten-WC im Tirolerhaus

AUSGANGS-/ENDPUNKT

Ehrwald, Talstation der Ehrwalder Almbahn

ANFAHRT

Bus & Bahn: Bahn München–Reutte bis Ehrwald-Zugspitzbahn, mit Regionsbus 1 oder 2 bis »Ehrwalder Almbahn«;
Auto: A 95 Garmisch, weiter Richtung Reutte/Fernpass bis Ehrwald, dort zur »Ehrwalder Almbahn«

EINKEHR

Seebenalm, Tel. +43/(0)676/594 69 26; Tirolerhaus, Tel. +43/(0)664/827 82 04; Bergrestaurant Alpenglühn, Tel. +43/(0)5673/23 49; Hochfeldernalm, Tel. +43/(0)664/156 33 39

KARTE

AV-Karte 1:25 000, Nr. 4/2 Wetterstein- und Mieminger Gebirge Mitte

INFORMATION

Tourist-Info Ehrwald, Tel. +43/(0)5673/200 00-208, www.zugspitzarena.com; Ehrwalder Almbahn, Tel. +43/(0)5673/24 68, www.almbahn.at

WEGALTERNATIVEN

Leicht | Ab der Bergstation direkter Abstieg zur Ehrwalder-Almbahn-Talstation: bequeme Almwege, 400 Hm Abstieg, 1.15 Std.
Leicht | Ab der Bergstation zur Hochfeldernalm: bequeme Almwege, 230 Hm Auf- und Abstieg, 1.30 Std.

2

Zwischen Wetterstein und Miemingern

DURCHS GAISTAL ZUR GAISTALALM

Eine weite Wanderung durch ein Hochtal bietet die Tour von der Bergstation in das Gaistal. »Alaska-Feeling« kommt auf, denn neben dem Gaistalbach ragen zu beiden Seiten steile Felsflanken empor.

Das Gaistal ist die Verbindung zwischen Leutasch und Ehrwald. Zudem unterteilt es die felsigen Gebirge in das Wetterstein nordseitig und in die Mieminger Gruppe südseitig. Die beeindruckenden Felsszenerien dieser Berge begleiten uns auf der gesamten Wanderung durch das weite Gaistal. Der Igelsee wird dabei passiert, der periodisch bedingt unterschiedliche Wassermengen mit sich führt – mal ist er als typischer Bergsee wahrnehmbar, dann wieder eher als Hochmoor. Markant sticht auf der Südseite der Mieminger Berge die Hohe Munde ins Auge, genauso wie die Hochwand. Auf der anderen Seite im Wetterstein geht der Blick zu Hochwanner, Predigtstuhl und dem Hinteren Reintalschrofen, um nur einige Berge in dieser felsigen Gipfelparade zu nennen. Dann ist es auch nicht mehr weit bis zur Gaistalalm; aber auch auf der Tillfussalm kann man zünftig einkehren. Sie haben also die Qual der Wahl bei dieser angenehmen Wanderung, auf der nur wenige Höhenmeter zu bewältigen sind.

Wegbeschreibung

Von der Bergstation wandert man zur Ehrwalder Alm. Dort orientiert man sich linker Hand an den Wegweisern »Coburger Hütte, Gaistal«, vorbei am Berggasthof Alpenglühn. Am nächsten Abzweig geht es rechter Hand auf dem

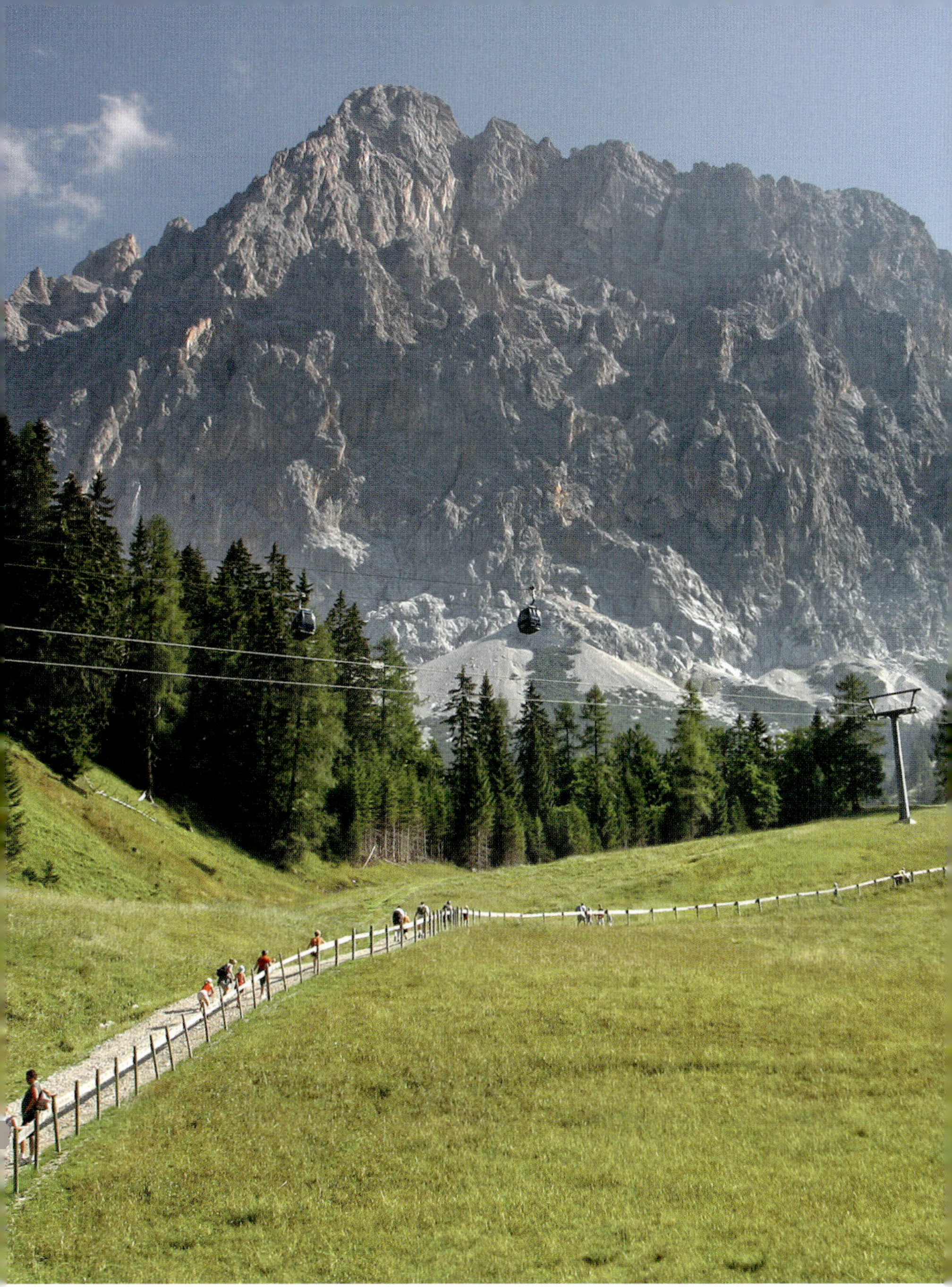

Darf's ein bisschen mehr sein? Zu Fuß statt mit der Gondel kann man auch zur Bergstation der Ehrwalder Almbahn laufen.

breiten Schotterweg weiter, mit den gewohnten Wegweisern; hier wird der Wegweiser »Hochfeldern Alm, Gaistal, Leutasch« linker Hand ignoriert. Nun geht es einige Meter bergauf. An der nächsten Weggabelung folgt man dann dem Wegweiser »Gaistal, Leutasch« linker Hand, der uns auch in der Folge immer wieder den Weg weisen wird, und passiert den Igelsee. Der bequeme Almweg führt nach Osten leicht abfallend neben dem Gaistalbach weiter, bis linker Hand mit einem kurzen Abstecher bergauf die Tillfussalm erreicht ist. All jene, die zur Gaistalalm gehen möchten, wandern noch ein kurzes Stück weiter und dann linker Hand bergauf. Die Wegstrecke des Rückwegs entspricht der des Hinwegs (s. dazu auch den Tipp zur Pestkapelle).

Die Pestkapelle im Gaistal

Wer den Rückweg von der Gaistalalm zur Bergbahn der Ehrwalder Almbahn durch das Gaistal unterhalb der Hochfeldern Alm nimmt (siehe Alternative bzw. Tipp), kommt an der Pestkapelle vorbei. Als die Pest 1634 in Ehrwald wütete, unternahmen die Bewohner von Ehrwald eine Wallfahrt nach Seefeld. Die Wallfahrer wurden aber von Einwohnern aus Leutasch aufgehalten aus Angst, sie würden die Pest mit sich bringen. Diese sogenannten Sterbhüter hatten die Aufgabe, ein Einschleppen der Seuche in ihren Ort zu verhindern. So hielten die Ehrwalder direkt eine Andacht ab. Heute steht dort die Kapelle.

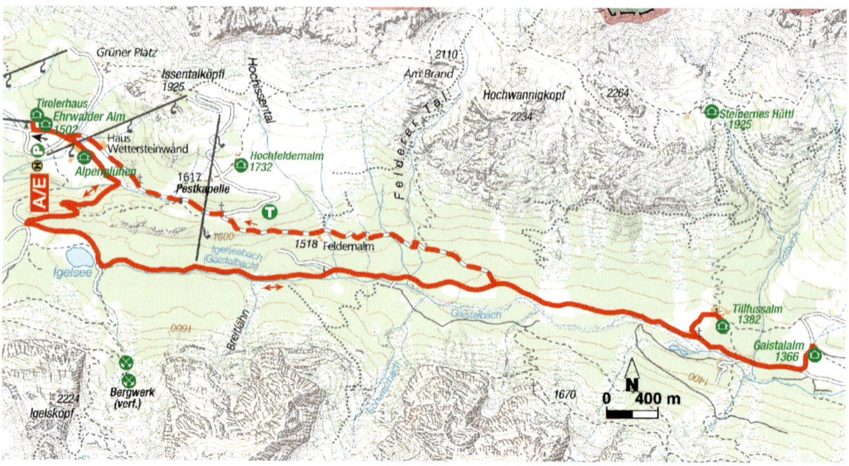

Auf einen Blick

GEHZEIT UND SCHWIERIGKEIT

Mittel | 4 Std. | 260 Hm Auf- und Abstieg | Bequeme Almspazierwege

ROLLSTUHLGEEIGNET

Mit der Bergbahn und Weiterweg im Umfeld der Bergstation mit Mobilitätshilfe möglich; Behinderten-WC im Tirolerhaus

AUSGANGS-/ENDPUNKT

Ehrwald, Talstation der Ehrwalder Almbahn

ANFAHRT

Bus & Bahn: Mit der Bahn München–Reutte bis Bahnhof Ehrwald-Zugspitzbahn weiter mit Regionsbus 1 oder 2 bis »Ehrwalder Almbahn«;
Auto: A95 nach Garmisch, weiter Richtung Reutte/Fernpass bis Ehrwald und in Ehrwald den Wegweisern »Ehrwalder Almbahn« folgen

EINKEHR

Gaistalalm, Tel. +43/(0)5214/5190; Tillfussalm, Tel. +43/(0)5214/6297; Tirolerhaus, Tel. +43/(0)664/8278204; Bergrestaurant Alpenglühn, Tel. +43/(0)5673/2349; Hochfeldernalm, Tel. +43/(0)664/156 33 39

KARTE

AV-Karte 1:25000, Nr. 4/2 Wetterstein- und Mieminger Gebirge Mitte

INFORMATION

Tourist-Info Ehrwald, Tel. +43/(0)5673/20000-208, www.zugspitzarena.com; Ehrwalder Almbahn, Tel. +43/(0)5673/2468, www.almbahn.at

TIPP

Wenn Sie nicht auf dem gleichen Weg zurückgehen wollen, können Sie auch nach ca. 1,5 km auf dem Hinweg über die Pestkapelle und den Abzweig zur Hochfeldernalm auf bequemen Alm- und Wanderwegen zurück zur Bergstation der Ehrwalder Almbahn gelangen.

WEGALTERNATIVEN

Leicht | Ab der Bergstation direkter Abstieg zur Ehrwalder-Almbahn-Talstation: bequeme Almwege, 400 Hm Abstieg, 1.15 Std.
Leicht | Ab der Bergstation zur Hochfeldernalm: bequeme Almwege, 230 Hm Auf- und Abstieg, 1.30 Std.

3

Flora, Fauna und Bewegung

THEMENWEG VON DER ALPSPITZ- ZUR KREUZECKBAHN

Ein neu anvisierter Themenweg mit den Bereichen Flora, Fauna und Bewegung verbindet die Alpspitz- und die Kreuzeckbahn hoch über Garmisch, versehen mit anschaulichen Informationen und atemberaubenden Aussichten.

Genau das Richtige für Oma, Opa und die Enkel: Zunächst geht es mit der Alpspitz-Bergbahn hinauf, und von der Gondel, genauso wie von der Aussichtsplattform des AlpspiX, kann man abenteuerliche Tiefblicke nach Garmisch und über das Höllental zum Waxenstein erhaschen – nur Fliegen ist schöner!

Zunächst sollte man sich auf den Themenweg rund um den Gipfel begeben. Dann wendet man sich dem Abstieg hinunter zur Kreuzeckbahn auf dem Hauptweg zu. Neben atemberaubenden Ausblicken in den Talkessel nach Garmisch genauso wie hinüber zu den steil aufragenden Felswänden unter der Alpspitze werden auf dem neuen Themenweg die Bereiche Flora, Fauna und Bewegung miteinander verbunden. Bitte beachten Sie, dass bei Druckschluss noch keine weiteren Details hierzu bekannt waren, weshalb die Themenbeschreibung allgemein gehalten ist.

Nun ist es auch nicht mehr weit bis zur Bergstation der Kreuzeckbahn. Hier kann man im Kreuzeckhaus einkehren, ebenso an der Kreuzalm. Dorthin gelangt man über einen Abstecher bergab in etwa 10 Minuten. Dann schwebt man auch schon mit den Gondeln der Kreuzeckbahn zu Tale. Tief unten liegt

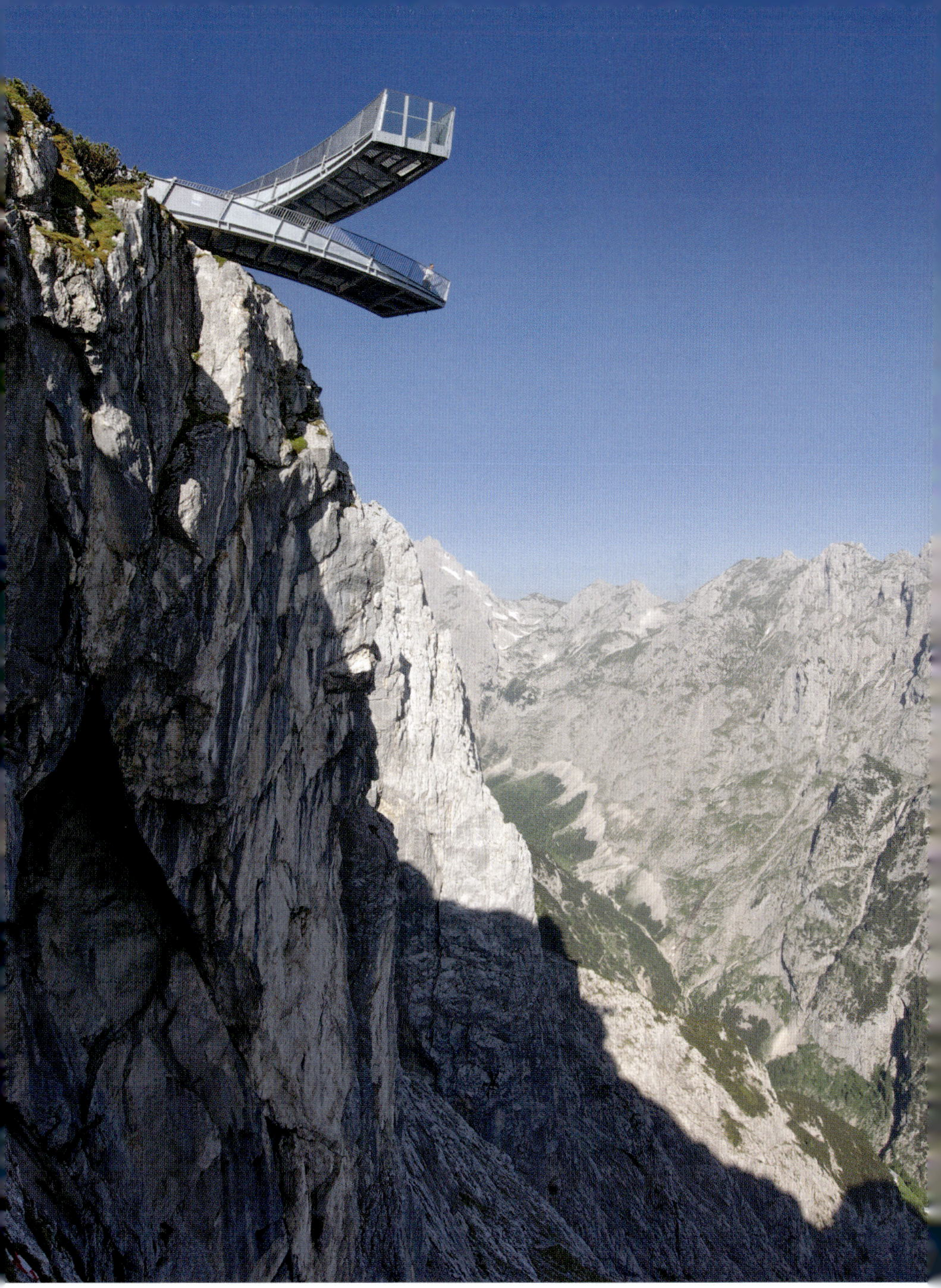

Nur Mut! Die Aussichtsplattform des AlpspiX, hoch über dem Höllental

Garmisch-Partenkirchen, dahinter erhebt sich der Kramer – ein schönes Bild zum Abschluss dieser aussichtsreichen und interessanten Tour.

Wegbeschreibung

Von der Bergstation der Alpspitzbahn läuft man über die Stationen des Themenweges vorbei an der Hochalm bergab zur Kreuzeckbahn.
Hinweis: Es kann auch umgekehrt von der Kreuzeckbahn zur Alpspitzbahn gelaufen und bergauf wie bergab mit der Hochalmbahn abgekürzt werden.

Wegalternativen

Mittel | Ab der Bergstation der Alpspitzbahn über Längenfeld zur Bergstation der Kreuzeckbahn: teils steigähnliche Wanderwege, 400 Hm bergab, 2 Std.
Mittel | Ab der Bergstation über Hupfleitenjoch, Knappenhäuser, Höllentalangerhütte und Höllentalklamm nach Hammersbach, dort Rückfahrt mit der Zugspitzbahn bis zur Talstation der Alpspitz-/Kreuzeckbahn (für Autofahrer, Bahnfahrer fahren weiter zum Bahnhof Garmisch-Partenkirchen): Steige und typische Wanderwege, über Brücken und Tunnel durch die Klamm, 1260 Hm bergab, 4 Std.

Die Alpspitze

Ganze 2628 Meter über dem Meer misst die Alpspitze, wohl einer der formschönsten Berge der Nördlichen Kalkalpen im Wettersteingebirge, weithin sichtbar durch das Loisachtal bis in das Murnauer Moos. Der kürzeste Anstieg erfolgt von der Bergstation am Osterfelderkopf entweder direkt über die »Alpspitz-Ferrata«, einem leichten, weitgehend gesicherten und vielbegangenen Klettersteig, oder man erreicht den Gipfel über den Nordwandsteig, der in einem Bogen nach Osten durch die Schöngänge ins Oberkar und von dort am linken Rand des Kars zum Gipfel führt. Der spektakuläre Jubiläumsgrat führt von der Alpspitze zur Zugspitze als schwierige und lange Klettertour, bei der Stellen im dritten Schwierigkeitsgrad zu bewältigen sind. Häufig wird diese Tour unterschätzt, ebenso das schnell umschlagende Wetter. Beeindruckend ist der Anblick des Berges vom Themenweg dieser Tour nach Süden hin, mit seinen steil aufragenden, senkrechten Felswänden.

Auf einen Blick

GEHZEIT UND SCHWIERIGKEIT

Mittel | 2.30 Std. | 400 Hm Abstieg | Bequeme Schotterwege, teilweise steil

ROLLSTUHLGEEIGNET

Mit eigener Mobilitätshilfe, Auffahrt zur Bergstation mit Restaurant möglich, WC vergrößert, alle Infos unter www.zugspitze.de

AUSGANGS-/ENDPUNKT

Talstation der Alpspitz- und Kreuzeckbahn

ANFAHRT

Bus & Bahn: Bahn München-Garmisch, Zugspitzbahn zur Talstation der Alpspitz- und Kreuzeckbahn oder Bus 2;
Auto: A95 München-Garmisch bis Garmisch, weiter Richtung Reutte/Fernpass, in die Kreuzeckbahnstraße links

EINKEHR

Kreuzalm, Tel. 08821/3045; Restaurant Alpspitz, Tel. 08821/58858

INFORMATION

Tourist-Info Garmisch-Partenkirchen, Tel. 08821/180700, www.gapa.de

KARTE

AV-Karte 1:25 000, Nr. 4/2 Wetterstein- und Mieminger Gebirge Mitte

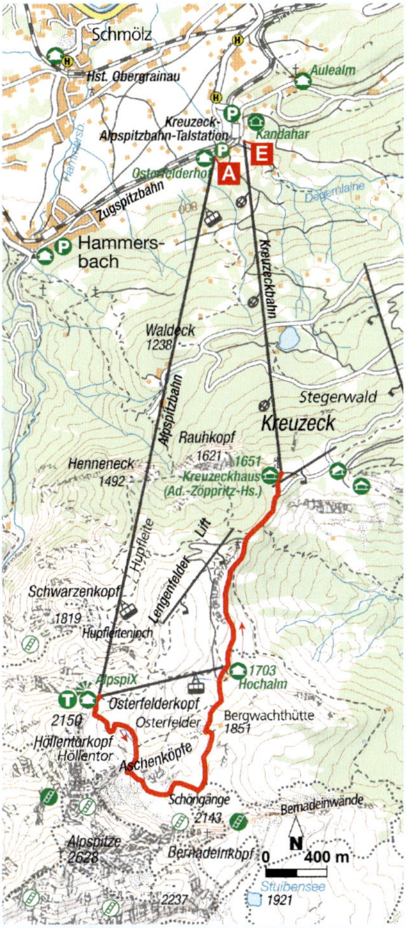

4

Rund um den Lautersee

UMRAHMT VON KARWENDEL UND WETTERSTEIN

Schöne Aussichten bieten sich auf dieser Tour, mit Tiefblicken über Mittenwald. Darüber baut sich die Felsenwelt des Karwendels auf, und am Lautersee sind wir dem Wettersteingebirge ganz nahe.

Ein schöner Höhenweg führt von der Talstation der Kranzbergbahn hinüber zum Lautersee. Weit schweift hier der Blick über die Altstadt von Mittenwald – die kleinen Häuser kuscheln sich wie Spielzeugmodelle aneinander. Dahinter bietet die steil aufragende Felsenwelt des Karwendels ein schon fast bedrohliches Szenario. Hauptakteur in diesem Schauspiel ist schließlich die Westliche Karwendelspitze, deren Gipfelkreuz golden in der Abendsonne glänzt.

Skurril wirkt auch der Aussichtspunkt am Steingarten: Verschiedene Steine schaffen hier einen wunderbaren Kontrast zu den weiten Wiesen ringsumher. Von dort ist es auch nicht mehr weit bis zum Lautersee. Schöner Blickfang ist hier die Kapelle Maria Königin. Auf dem Seerundweg rücken die Felswände des Wettersteins ganz nahe heran – die der Wettersteinspitzen genauso wie die der malerisch wirkenden Arnspitze. An warmen Tagen lohnt sich ein erfrischendes Bad im herrlich kühlen See.

Ein weiteres Highlight der Tour ist auf dem Rückweg der Abstecher zu den Laintalwasserfällen, bevor es wieder nach Mittenwald geht. Hier kann man noch gemütlich durch die Straßen der Altstadt schlendern und die Lüftlmalereien an den Häusern bewundern. Zusammen mit der alles überragenden Stadtkirche St. Peter und Paul und den Felswänden des Karwendels dahinter ergibt sich ein sehr malerisches, ja fast schon kitschig schönes Bild!

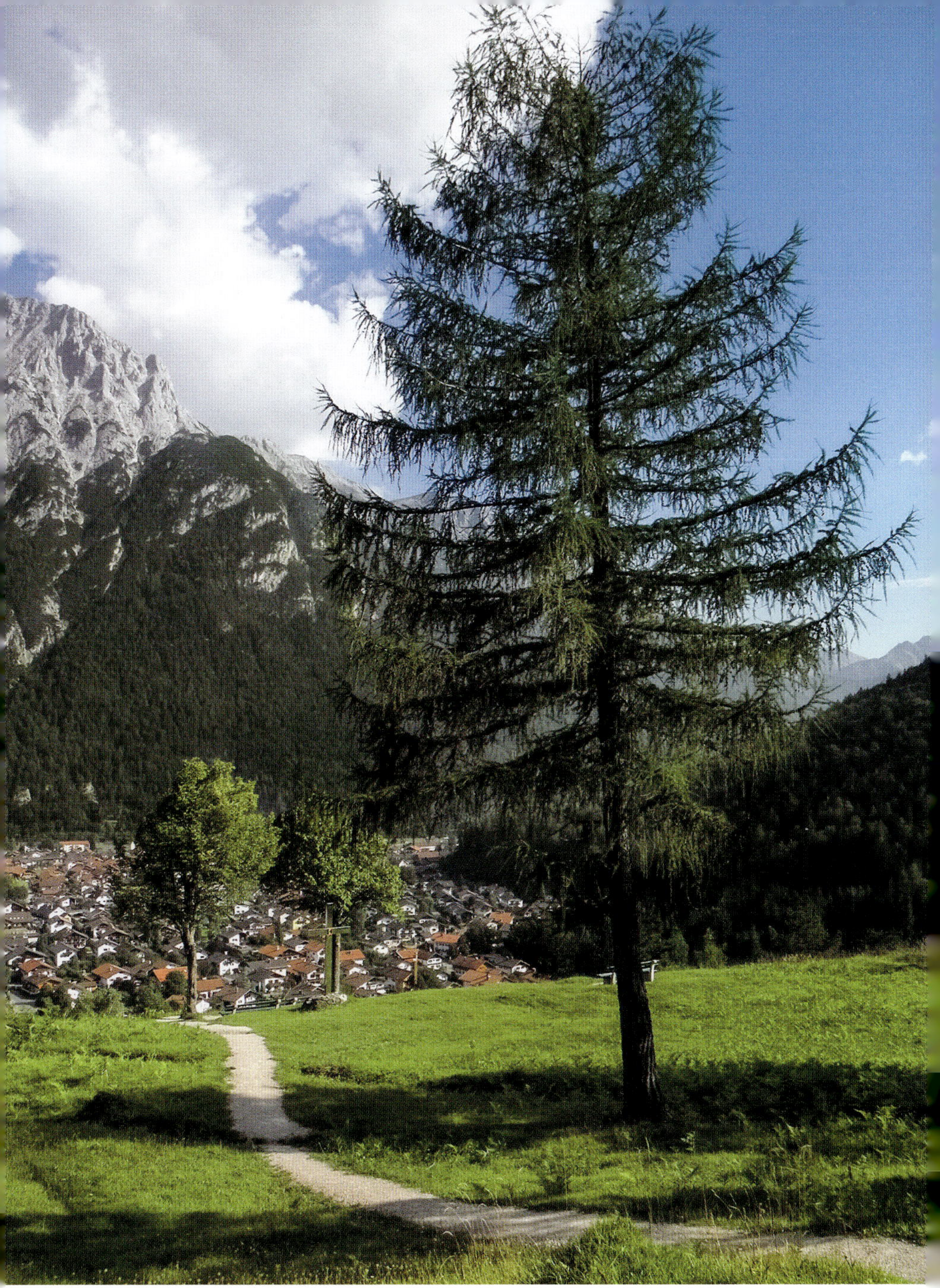

Wanderglück: schöne Ausblicke über Mittenwald zum Karwendel

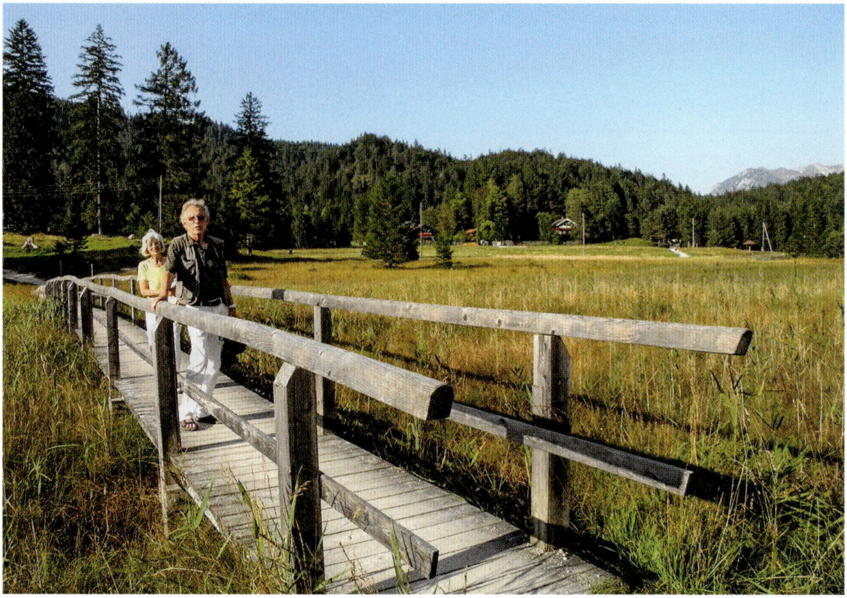

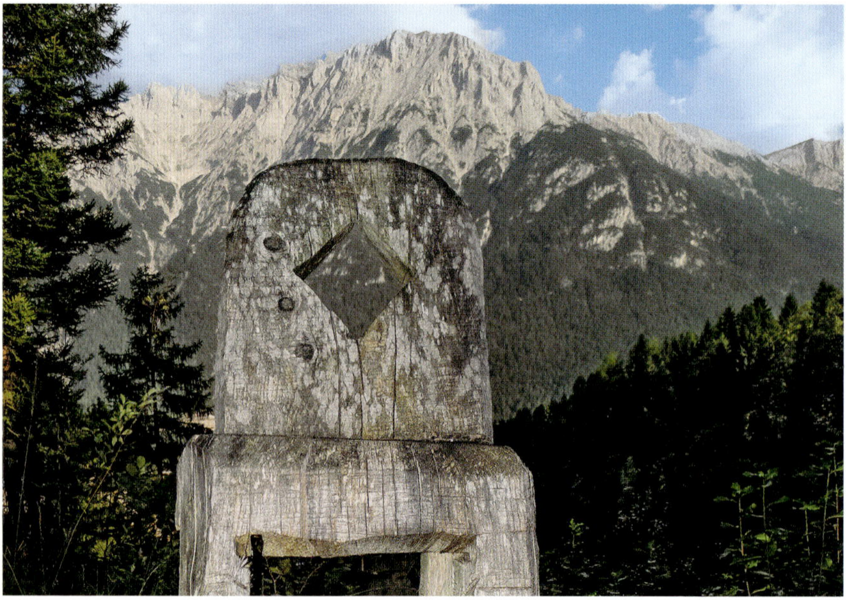

▲ Senioren genießen den Rundweg um den Lautersee.
▼ Kunstwerk vor dem Karwendel!

Wegbeschreibung

Bahnfahrer folgen der Bahnhofstraße in die Altstadt von Mittenwald. Über die Hochstraße, vorbei an der Stadtkirche und auf der Matthias-Klotz-Straße gelangen wir über die Straße Im Gries zur Kranzbergstraße, der wir bergauf folgen. Links zweigt dann wenig später bergauf der Weg mit dem Schild »Kranzberg-Sessellift« ab. Wieder an der Fahrstraße angelangt, ist es linker Hand nur noch ein kurzes Stück bis zur Talstation des Kranzberg-Sessellifts.

Zusammen mit den Autofahrern folgt man nun immer dem Schild »Lautersee«. Zunächst geht's auf einer geteerten Nebenstraße bergauf, dann wandert man auf einem Spazierweg hoch über Mittenwald weiter. Später ignoriert man den Wegweiser »Lautersee über Laintal« und geht weiter geradeaus, nun mit dem grün gepunkteten Schild »Lautersee«. Am See angelangt, folgt man rechter Hand dem Seerundweg, vorbei am Freibad sowie später am Seehof. Am Ende des Seerundwegs geht es über einen Holzsteg durch ein Moorgebiet. Dann wendet man sich nach rechts und geht ein Stück auf dem bekannten Weg zurück Richtung Mittenwald. Anschließend geht es weiter, jetzt rechter Hand, mit dem Schild »Mittenwald über Laintal«. Diesem Schild folgt man an der nächsten Gabelung geradeaus. An der folgenden Gabelung wendet man sich dann nach links (Schild »Kranzberg-Sessellift«). Zuvor lohnt sich noch ein Abstecher geradeaus zu den Lainbachfällen. Auf dem bekannten Hinweg wandern wir alsdann zurück zum Ausgangspunkt an der Talstation der Kranzbergbahn bzw. am Bahnhof Mittenwald. So ist man nach dieser wunderschönen Wandertour wieder im malerischen Mittenwald angelangt. Dort bietet sich noch ein Bummel durch die Altstadt an.

Wegalternativen

Leicht | Ab der Talstation über den Lautersee zum Berggasthof St. Anton, dort Abfahrt mit der Bergbahn: bequeme Spazierwege, auch mit Stufen (!), 260 Hm bergauf (Bahn + 70 Hm; Bahnfahrer steigen noch 70 Hm ab), 1.15 Std. (Bahn + 1 Std.)

Leicht | Ab der Talstation über den Lautersee zum Ferchensee und zurück: bequeme Spazierwege, auch mit Stufen (!), 150 Hm (Bahn + 70 Hm Auf- und Abstieg), 2.30 Std. (Bahn + 1 Std.)

Mittenwald

Wenn man vom oberbayerischen Mittenwald spricht, drängen sich die Superlative förmlich auf. So liegt hier der höchstgelegene Luftkurort in Deutschland, zudem besitzt Mittenwald mit der Karwendelbahn die zweithöchste deutsche Bergbahn. Die längste Skiabfahrt in Deutschland mit einer Länge von 7,5 km findet sich hier im Dammkar. Und schließlich gilt Mittenwald neben dem sogenannten Musikwinkel im Vogtland in Sachsen als wichtigstes Zentrum des Zupf- und Streichinstrumentenbaus. Begründer der mittlerweile über 300-jährigen Tradition des Geigenbauerdorfs war Matthias Klotz. Im Jahr 1858 wurde unter König Maximilian II. zusammen mit der Regierung von Bayern die staatliche Musikinstrumentenbauschule gegründet. Sie führt aktuell etwa 50 Schüler. Historisch wurden hier seit Jahrhunderten Heimarbeiter ausgebildet, die Geigenteile herstellten. Verleger bauten diese wiederum zusammen und verkauften dann die Geigen in der ganzen Welt. Alte Musikinstrumente aus dem malerischen Bergort gibt es im Geigenbaumuseum zu Mittenwald zu besichtigen.

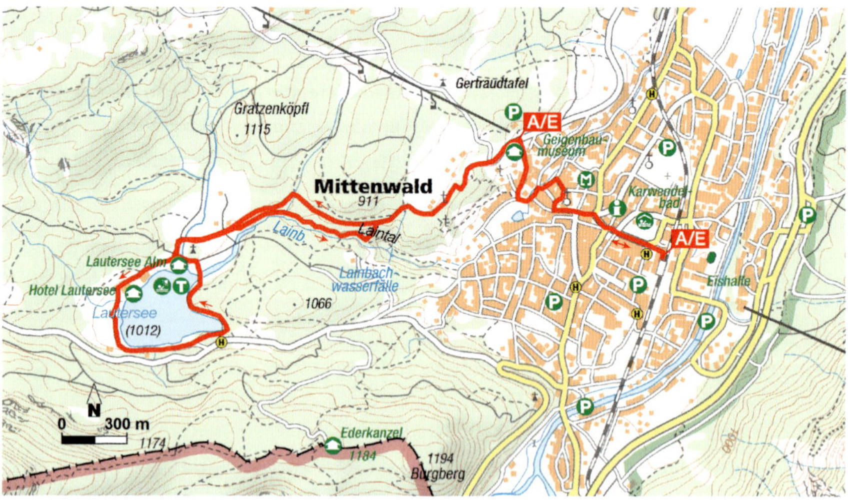

Auf einen Blick

GEHZEIT UND SCHWIERIGKEIT

Leicht | Auto: 1.30 Std. | 50 Hm Auf- und Abstieg | Bahn: 2.30 Std. | 120 Hm Auf- und Abstieg | Bequeme Spazierwege

ROLLSTUHLGEEIGNET

Ja; am Lautersee rund um den See mit Mobilitätshilfe; Auffahrt nur mit Taxi möglich, ebenso mit Buslinie (Mai–Okt.) ab Bahnhof Mittenwald (behindertengerecht, Infos: www.alpenwelt-karwendel.de). Seehof mit vergrößerten Toiletten, kein Behinderten-WC

AUSGANGS-/ENDPUNKT

Talstation der Kranzbergbahn (Parkplatz) bzw. Bahnhof Mittenwald

ANFAHRT

Bus & Bahn: Bahn München–Mittenwald, dann mit dem Alpenwelt-Karwendel-Bus bis zur Talstation der Kranzbergbahn;
Auto: A 95 München–Garmisch, weiter nach Innsbruck bis Mittenwald-Zentrum, in Mittenwald über Partenkirchner Straße, Hochstraße und Im Gries zur Kranzbergstraße und weiter zur Kranzbergbahn-Talstation

EINKEHR

Lauterseealm, Tel. 08823/92 89 32; Seehof Lautersee, Tel. 08823/12 76

KARTE

AV-Karte 1:25 000, Nr. 4/3 Wetterstein- und Mieminger Gebirge Ost

INFORMATION

Tourist-Info Mittenwald,
Tel. 08823/339 81,
www.alpenwelt-karwendel.de

TIPP

Der Walderlebnispfad Lautersee liefert anschauliche Eindrücke auf 12 Stationen und 7 Infotafeln. Der Weg beginnt am Ende des beschriebenen Seerundwegs. Die Gehzeit beläuft sich auf 2 Stunden bei 40 Höhenmetern.

5

Über den Wildensee nach Mittenwald

BERG-AMPHITHEATER AUF DEM WEG NACH MITTENWALD

Eine paradiesische Naturlandschaft präsentiert sich am Wildensee, dahinter zaubern die Bergketten des Karwendels eine einmalige Kulisse. Was für ein Anblick, neben vielen weiteren schönen aussichtsreichen Momenten!

Gemütlich tuckert der Sessellift hinauf nach St. Anton und läutet so einen gemütlichen Wandertag ein. Im wahrsten Sinne, denn hin und wieder läuten die Glocken von Mittenwald herauf. Oben angekommen, ist es nicht mehr weit bis zum Wildensee. Das Karwendelgebirge steht dem See quasi Spalier, mit der Schöttlkarspitze, der Soiernspitze und der Westlichen Karwendelspitze. Da lohnt es sich, am See zu verweilen, um diese archaischen Landschaftsbilder zu genießen. Das geht natürlich auch von der nahe gelegenen Wildenseehütte – hier können Sie sich kulinarisch verwöhnen lassen, bevor Sie weiterwandern. Im weiteren Abstieg folgen noch viele schöne Ausblicke; auch das Estergebirge zeigt sich mit dem Krottenkopf und dem Bischof von seiner besten Seite.

Wegbeschreibung

Bahnfahrer folgen der Bahnhofstraße in die Altstadt von Mittenwald. Über die Hochstraße, vorbei an der Stadtkirche und auf der Matthias-Klotz-Straße gelangen wir über die Straße Im Gries zur Kranzbergstraße, der wir bergauf folgen. Links zweigt dann wenig später bergauf der Weg mit dem Schild »Kranzberg-Sessellift« ab. Wieder an der Fahrstraße angelangt, ist es linker Hand schließlich nur noch ein kurzes Stück bis zur Talstation des Kranzberg-Sessellifts.

Zusammen mit den Autofahrern fährt man mit der Kranzbergbahn hinauf nach St. Anton. Hier wenden wir uns mit dem Wegweiser »Wildensee« (dem wir nun im weiteren Wegverlauf bis zum See immer folgen) nach rechts und wandern ein Stück auf dem Barfußweg entlang. An der nächsten Gabelung nehmen wir den Weg nach links und laufen auf einem schmalen Spazierweg bergab und über ein paar Stufen durch weite Bergwiesen. Dann geht es an der nächsten Gabelung erneut links und über eine geteerte Nebenstraße zum Wildensee.

Nach diesem Abstecher wandert man zur letzten Gabelung des Wegs zurück und geht hier linker Hand hinunter nach Mittenwald. Dabei werden in der Folge zweimal Abzweigungen rechter Hand zur Korbinianhütte ignoriert, und man hält sich jeweils geradeaus Richtung Mittenwald, bis es rechts zur Kranzberg-Sessellift-Talstation geht. Neuerlich gabelt sich der Weg, und man

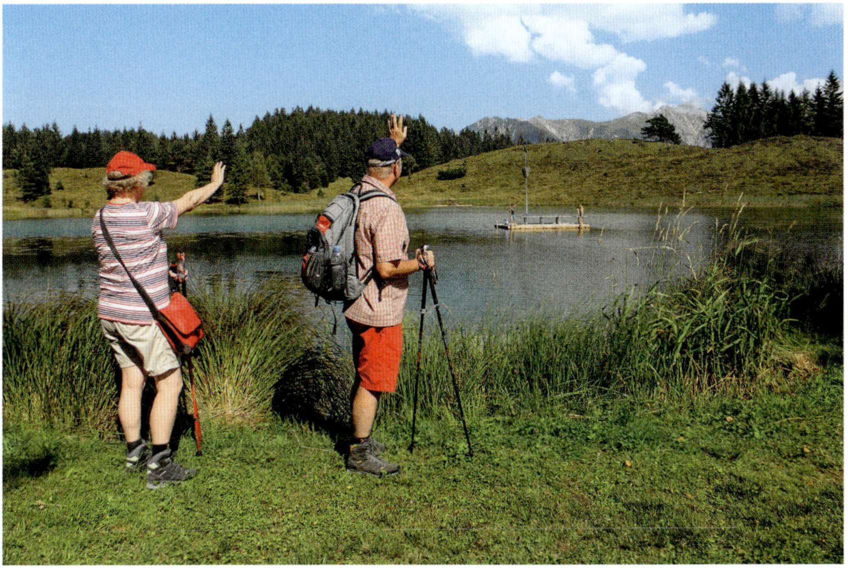

Hallo, Ihr Lieben! Oma und Opa grüßen ihre Enkel auf dem Floß.

wandert zunächst geradeaus Richtung Mittenwald, bis man wenig später rechts dem gewohnten Schild »Kranzberg-Sessellift-Talstation« folgt. Dann sind es auch nur noch ein paar Meter, die man auf der Fahrstraße zum Parkplatz an der Talstation bewältigt. Bahnfahrer gehen wenige Meter zuvor linker Hand über die Bergwiesen hinunter und alsdann auf dem bekannten Hinweg zurück zum Bahnhof in Mittenwald.

Der Kranzberglift

Die Kranzberg-Sesselbahn schwebt über den Dächern von Mittenwald und verbindet den Ort mit dem Kranzberg, der eine Vielzahl schöner Wanderungen bietet. Im Jahre 1949 begann man mit dem Bau der Sesselbahn. Ein Jahr später, 1950, konnte man bereits die Fertigstellung des Lifts verzeichnen. Die Bahn war bei Einheimischen wie auch bei Touristen gleichermaßen sehr beliebt, weshalb man sich 1964 zu einer Kapazitätserweiterung entschloss. Zehn Jahre später, im Jahr 1974, wurde die Kapazität dann nochmals erhöht, um dem hohen Besucheransturm gerecht zu werden. Seit dem Jahre 1984 wird die Seilbahn nach der Auflösung der Berglift GmbH von den Gemeindewerken Mittenwald geführt. Der Sessellift verfügt über eine Wegstrecke von 1420 Metern und überwindet dabei einen Höhenunterschied von 240 Metern.

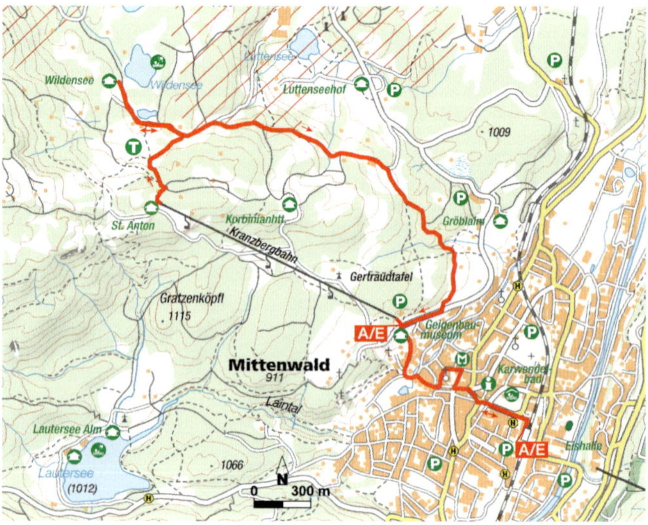

Auf einen Blick

GEHZEIT UND SCHWIERIGKEIT

Leicht | Auto: 1.30 Std. | 30 Hm Aufstieg, 300 Hm Abstieg | Bahn: 2.30 Std. | 100 Hm Aufstieg, 370 Hm Abstieg | Bequeme Spazierwege, geteerte Nebenstraßen, teilweise steil

ROLLSTUHLGEEIGNET

Nein

AUSGANGS-/ENDPUNKT

Talstation Kranzbergbahn (Parkplatz) bzw. Bahnhof Mittenwald

ANFAHRT

Bus & Bahn: Bahn München–Mittenwald, ggf. Weiterfahrt mit dem Karwendel-Bus bis zur Talstation der Kranzbergbahn;
Auto: A 95 München–Garmisch, weiter Richtung Innsbruck bis Mittenwald-Zentrum, dort über Partenkirchner Straße, Hochstraße und Im Gries zur Kranzbergstraße bzw. zur Kranzbergbahn-Talstation

EINKEHR

Berggasthof St. Anton, Tel. 08823/8001; Wildenseehütte, Tel. 08823/8024

KARTE

AV-Karte 1:25 000, 4/3 Wetterstein- und Mieminger Gebirge Ost

INFORMATION

Tourist-Info Mittenwald, Tel. 08823/33981, www.alpenwelt-karwendel.de; Kranzbergbahn, Tel. 08823/1553, www.gemeindewerke-mittenwald.de

TIPP

Oma und Opa können mit ihren Enkeln den Barfußweg testen. Er führt gut beschildert von der Bergstation St. Anton auf einem mit 24 Stationen angelegten Kurs in einer weiten Runde zurück zum Ausgangspunkt.

WEGALTERNATIVEN

Leicht | Ab der Bergstation und ab St. Anton direkter Abstieg zur Kranzberg-Talstation bzw. nach Mittenwald: bequeme Spazierwege und Nebenstraßen, auch mit Stufen (!), 300 Hm Abstieg und 30 m Aufstieg (Bahn + 70 Hm auf und ab), 1.30 Std. (Bahn + 1 Std.)
Leicht | Ab der Bergstation über den Barfußweg: s. Tipp

6

Auf den Herzogstand

HOCH ÜBER WALCHEN- UND KOCHELSEE

Atemberaubende Tiefblicke genießt man vom Herzogstand auf Walchensee und Kochelsee – und begeistert sich dazu an einem Panorama, das von den Allgäuer Alpen im Westen bis zum Wendelstein im Osten reicht.

Die Tour zum Herzogstand zählt zu den sehr beliebten Panorama-Höhenwegen in Oberbayern. Schnell und bequem ist der Gipfel von der Bergstation aus zu erreichen. Um es gleich vorwegzunehmen: Im Anstieg nehmen die Erosionsschäden am Weg zu, weshalb in den Kehren immer wieder Felsstufen zu überwinden sind. Die Mitnahme von Teleskopstöcken ist daher Pflicht! Dennoch wird diese Tour von Senioren gern begangen, davon konnte ich mich selbst überzeugen, weshalb sie in das Buch mit aufgenommen wurde.

Schon allein die Auffahrt mit der Bergbahn ist spektakulär. Man schwebt quasi über dem Walchensee hinauf, hinter dem sich das Karwendel majestätisch zu erheben beginnt, je mehr man an Höhe gewinnt. Oben geht es dann auf dem Höhen-Panoramaweg schnell hinüber zum Herzogstandhaus. Es folgt der Anstieg in Kehren hinauf zum Gipfel – wie Ameisen ziehen die Wanderer durch die Latschengassen hinauf, weshalb es sich empfiehlt, diesen Paradeberg besser an Werktagen – außerhalb der Schulferien – zu besteigen.

Wenn es wettermäßig einmal ungemütlich am Gipfel ist, bietet der Pavillon Schutz. Die Panoramaschau dort oben ist atemberaubend: Markant ist im Südwesten die Zugspitze zu erkennen, daneben die formschöne Alpspitze. Weiter links wartet das Karwendel mit seiner ganzen Prominenz auf, besonders die Soiernspitze hebt sich markant hervor mit ihrer Pyramide und den

Felsrippen. Im Osten schweift der Blick über Jochberg und Benediktenwand bis hinüber zu den Tegernseer Bergen.

Ein Abstecher zur Fahrenbergkapelle auf der Tour lohnt sich zudem und ist in den Wegalternativen beschrieben. Hier kann man ebenso schöne Ausblicke über den herrlichen Walchensee genießen, bevor man sich auch hier wieder bequem hinunter zur Bergstation der Herzogstandbahn begibt.

Wegbeschreibung

Von der Bergstation der Herzogstandbahn lassen wir uns vom Wegweiser »Herzogstand« leiten und erreichen über einen bequemen breiten Schotterweg bald das Herzogstandhaus. Hier geht es mit dem Wegweiser »Herzogstand« weiter. Am Fuß des Berges endet der bequeme Weg; in Kehren geht es nun durch die Latschengassen bergauf, dabei sind immer wieder durch die Erosion verursachte Felsstufen zu meistern. Der Rückweg entspricht dem Hinweg; zurück zur Bergstation der Herzogstandbahn.

Wegalternativen

Mittel | Ab der Bergstation über die Fahrenbergkapelle auf den Herzogstand und zurück über den direkten Weg zur Bergstation der Seilbahn: Stufenwege

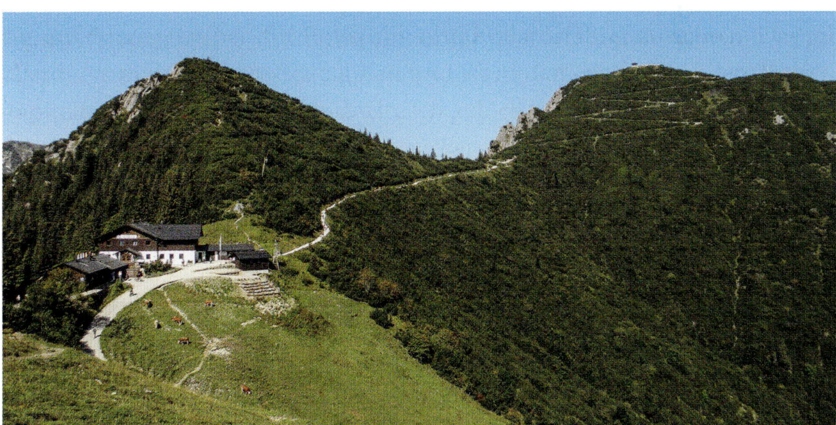

In Serpentinen zum Gipfel, zum Herzogstand geht es stets bergauf.

und Bergpfade im Auf- und Abstieg zur Kapelle, sonst wie Normalweg, 220 Hm auf und ab, 2 Std.
Leicht | Ab der Bergstation über die Schlehdorfer Alm zum Kesselbergpass, dann mit dem Bus zurück zur Talstation der Herzogstandbahn oder zweiten Pkw am Kesselbergpass abstellen: bequemer Almweg mit teilweise steilen Abstiegen, 710 Hm Abstieg, 1.45 Std.
Mittel | Ab der Bergstation auf den Herzogstand, weiter über den Gratweg zum Heimgarten und über die Ohlstädter Alm nach Walchensee: Gratweg, der Trittsicherheit und Schwindelfreiheit erfordert, 370 m Auf- und 1130 Hm Abstieg, 5 Std.

Der Herzogstand

Der Herzogstand ist einer der aussichtsreichsten und beliebtesten Gipfel der Bayerischen Hausberge. Dies liegt neben dem herrlichen Panorama wohl daran, dass er mit der gleichnamigen Seilbahn von der Bergstation aus schnell zu erreichen ist. Vom südlichen Stadtrand Münchens erreicht man die Talstation in gerade mal einer Stunde mit dem Auto, ebenso ist sie gut mit öffentlichen Verkehrsmitteln angebunden. Seinen Namen erhielt der Herzogstand im Jahre 1535 zu Ehren der Bayernherzöge Wilhelm IV. und Ludwig X., die dort gerne zur Jagd gingen. Im Jahre 1857 erbauten die Wittelsbacher ein Jagdhaus unterhalb des heutigen Herzogstandhauses. Letzteres wurde nach einem Brand 1992 neu errichtet und steht seitdem den Touristen wieder als aussichtsreiche Einkehr zur Verfügung. Wenig später, im Jahre 1994, wurde die Herzogstandbahn erneuert. Sie führt auf den Fahrenbergkopf, der dem Herzogstand vorgelagert ist. Auch König Ludwig II. stattete dem Berg gerne einen Besuch ab. Er bezeichnete den Herzogstand gar als seinen Lieblingsberg. Im Jahre 1865 ließ er das sogenannte Königshaus am Herzogstandsattel, am Standort des heutigen Herzogstandhauses, erbauen.

Aussicht vom Fahrenberg

Eher ruhig ist es am Aussichtspunkt der Fahrenbergkapelle, den ich Ihnen ans Herz legen möchte – von dort haben Sie eine ebenso fantastische Aussicht über den Walchensee bis zum Karwendel (s. Wegalternative Nr. 1).

Auf einen Blick

GEHZEIT UND SCHWIERIGKEIT

Leicht | 1.30 Std. | 170 Hm Auf- und Abstieg | Zunächst bequemer Schotterweg, dann im Anstieg mit Felsstufen versetzt

ROLLSTUHLGEEIGNET

Ja, Auffahrt mit Gondel möglich; auch Weiterweg bis zum Herzogstandhaus rollstuhlgeeignet, dort aber nur vergrößerte Toiletten; Mobilitätshilfe wird empfohlen

AUSGANGS-/ENDPUNKT

Talstation Herzogstandbahn

ANFAHRT

Bus & Bahn: Bahn München–Kochel, dann Bus 9608 Richtung Garmisch bis »Walchensee-Herzogstandbahn«; **Auto:** A95 München–Garmisch bis Ausfahrt Großweil/Kochel, nach Kochel, weiter Richtung Innsbruck über den Kesselbergpass und über Urfeld bis Walchensee und dort zur Talstation der Herzogstandbahn

EINKEHR

Herzogstandhaus, Tel. 08851/234

KARTE

AV-Karte 1:25000, BY9 Estergebirge

INFORMATION

Tourist-Info Kochel am See, Tel. 08858/411, www.walchensee.de; Herzogstandbahn, Tel. 08858/236, www.herzogstandbahn.de

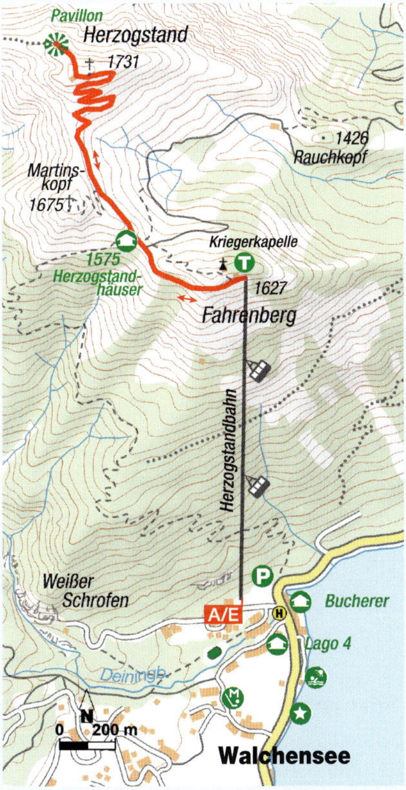

7

Der Höhenpanoramaweg am Brauneck

DAS KARWENDELGEBIRGE VOR AUGEN

Das Brauneck ist der wohl aussichtsreichste Berg im Isarwinkel. Auf einem Höhenpanoramaweg erschließt sich dem Wanderer ein Panorama von der Zugspitze bis zum Mangfallgebirge.

Der Höhenpanoramaweg zieht von der Bergbahn nach Westen. Uns zu Füßen liegt die gesamte Karwendelkette – Soiernspitze und Schöttlkarspitze sind hier nur zwei dieser Berge mit prominentem Namen. Nach einigen Kehren bergab sind auch schon Quengeralm und Strasseralm erreicht. Beide Almen eignen sich bestens für eine ausgiebige Einkehr und bestechen durch ihr gemütliches Ambiente – Sie haben also die Qual der Wahl. Auf dem Rückweg geht man über den Gipfel des Braunecks. Hier schweift der Blick nun auch nach Norden über Blomberg und Zwiesel ins Alpenvorland. Und im Osten sieht man auf der anderen Seite des Isartals, hoch über Lenggries, den Geierstein und den Fockenstein. Markant steht im Südosten der Doppelspitz des Guffert – eine aussichtsreiche Höhenwanderung mit vielen Einkehrmöglichkeiten! Auch bei der Abfahrt mit der Brauneckbahn hinunter ins Tal kann man noch einmal das Panorama über Lenggries hinweg ins Isartal genießen.

Wegbeschreibung

Von der Bergbahn folgt man immer dem Schild »Panoramaweg 2, Quengerhütte« (deshalb wird der Wegweiser in der Folge nicht mehr erwähnt), so auch an der nächsten Weggabelung weiter geradeaus. Dann geht es vorbei an der

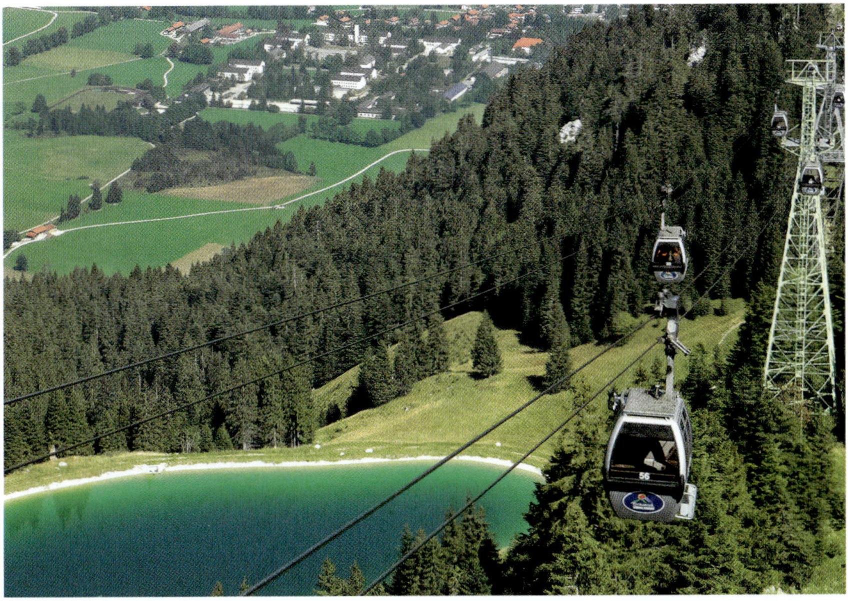

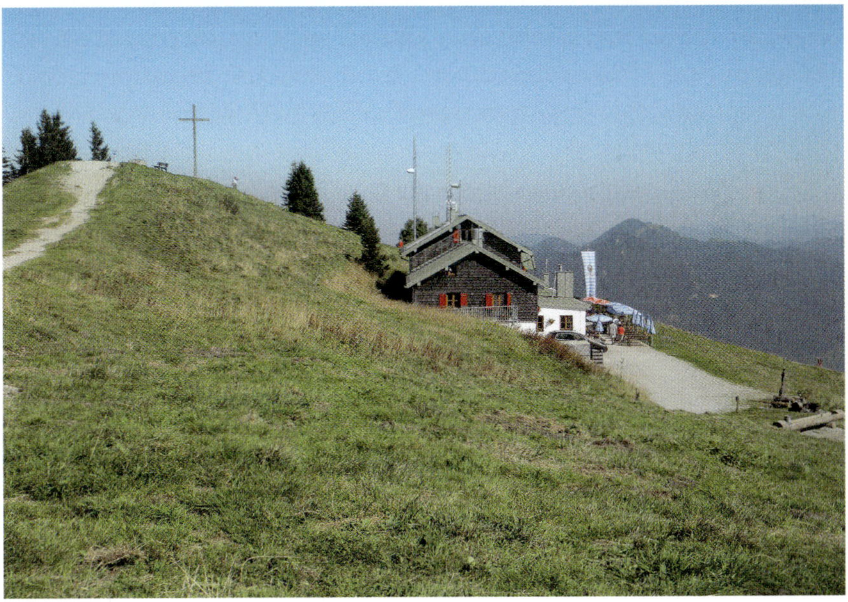

▲ Hinauf geht's mit der Brauneckbahn.
▼ Bei der Aussicht vom Brauneck-Gipfelhaus schmeckt es noch mal so gut!

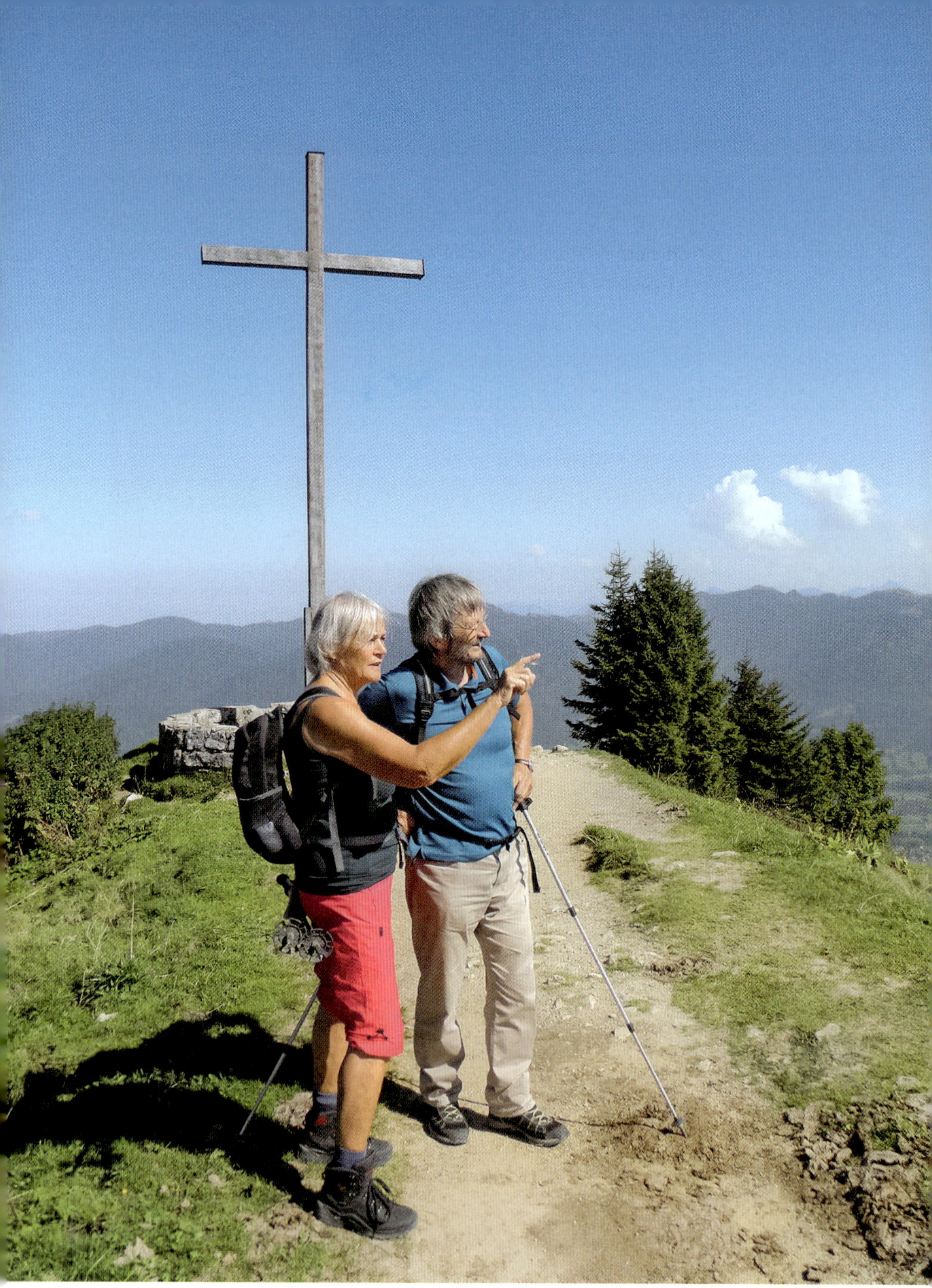

»Der Guffert, ist das der linke Berg?« Schöne Aussichten vom Gipfel des Brauneck

Tölzer Hütte. Anschließend wendet sich der Almweg in Kehren rechter Hand bergab bis zur Quenger- und zur Strasseralm. Gleich nach der Quengeralm geht es für den Rückweg rechter Hand auf einen schönen Wanderweg ohne Beschilderung. Durch den Wald führt der Weg über ein paar Stufen bergauf. Hinter der Tölzer Skihütte ist man wieder auf dem Hinweg angelangt. Natürlich können Sie auch gleich am Hinweg wieder zurückgehen, falls Ihnen dieser Weg zu uneben ist.

Für alle geht es nun weiter bergauf in Richtung der Brauneckbahn-Bergstation bis zu einer größeren Weggabelung, wo drei Wege von unserem Almweg abzweigen. Wir nehmen den linken Weg mit dem Schild »Weg 2 Brauneck-Gipfel«. In einer Kehre führt der Weg auf den Bergkamm hinauf und weiter in östlicher Richtung zum Gipfel des Braunecks, nahe dem Brauneck-Gipfelhaus.

Ein gut befestigter Weg windet sich dann über einige Stufen hinunter zur Bergstation der Brauneckbahn – so gesehen sind wir eine Acht gelaufen. Natürlich können Sie auch hier direkt zur Bergstation laufen, falls Ihnen der Anstieg zu steil ist.

Wegalternativen

Mittel | Ab der Bergstation über Tölzer Hütte, Quenger- und Strasseralm hinunter zur Bayernhütte und weiter zur Florihütte, dann über den Kotsattel zurück zur Bergstation (Almrundwanderweg 3): bequemer Almweg im Abstieg, Steig im Aufstieg, steile An- und Abstiege, 220 Hm im Auf- und Abstieg, ca. 2 Std.
Mittel | Ab der Bergstation über den Brauneckgipfel zum Stangeneck, weiter über Kirchstein und Latschenkopf, über Probstalmsattel, Stiealm, Quenger-/Strasseralm und Tölzer Hütte zurück zur Brauneckbahn-Bergstation (Großer Höhenweg 4): hauptsächlich Steige bis zur Stiealm, weiter zur Bergstation bequemer Almweg, steile An- und Abstiege, 380 Hm im Auf- und Abstieg, ca. 3 Std.

Schloss Hohenburg und der Kalvarienberg

Im Südosten von Lenggries liegt Schloss Hohenburg. Das Barockschloss wurde 1718 fertiggestellt. In ihm befinden sich heute eine Mädchenrealschule und ein Mädchengymnasium. Oberhalb des Schlosses liegt in einem Bergwald die Ruine der Burg Hohenburg. Der Turm, der Brunnenschacht und die Wälle der alten Burg sind noch bis heute erhalten geblieben. Nicht weit davon entfernt findet man den im Jahre 1694 erbauten Kalvarienberg. Er wurde bis zur Mitte des 19. Jahrhunderts stets erweitert. So erfolgte 1726 der Bau der Heilig-Kreuz-Kirche und 1865 die Errichtung des Benefiziatenhauses. Die Heilige Stiege wurde nach dem Vorbild der Scala Santa in Rom erbaut. Auf der Anhöhe ist eine Kreuzigungsgruppe beherbergt sowie eine Sammlung an Votivtafeln. Beide Baudenkmäler lassen sich nach der Tour auch gut für Bahnfahrer erreichen, über die Bahnhofstraße, die Karwendelstraße und den Großherzogin-Anna-Weg. Der Schloßweiher, idyllisch gelegen am Fuße des Geiersteines, liegt dazwischen und seine Umwanderung lässt sich auf einem Spaziergang gut mit einer Besichtigung des Schlosses verbinden. Hier kann man auch am Ufer auf einer der Bänke eine Rast einplanen.

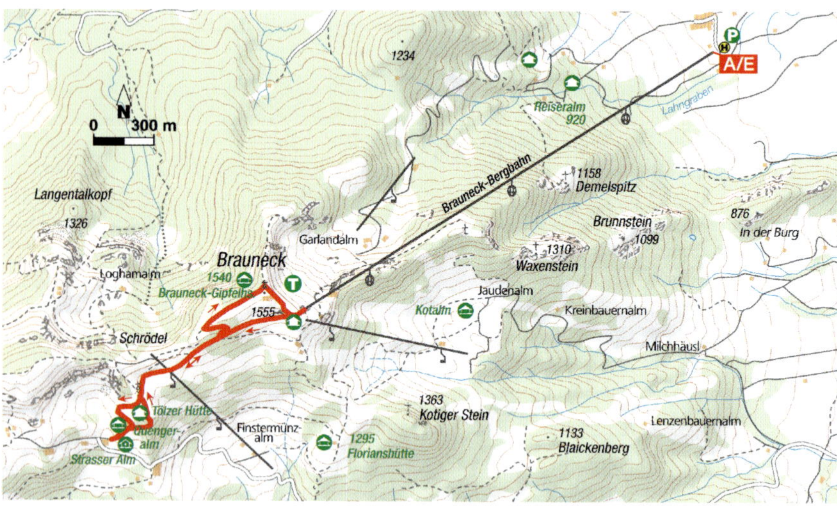

Auf einen Blick

GEHZEIT UND SCHWIERIGKEIT

Leicht | 1.30 Std. | 150 Hm Auf- und Abstieg | Bequeme Alm- und Wanderwege, die teilweise steil sind, mit kurzen Höhenunterschieden

ROLLSTUHLGEEIGNET

Ja; Mobilitätshilfe beim Umstieg in die Gondel erforderlich sowie Schiebehilfe bis zur Tölzer Hütte, dort kein Behinderten-WC; Panoramarestaurant mit Behinderten-WC und barrierefrei

AUSGANGS-/ENDPUNKT

Talstation Brauneckbahn

ANFAHRT

Bus & Bahn: BRB München–Lenggries, Bus 9564a zur Talstation der Brauneckbahn;
Auto: Über A 95 oder A 8 nach Bad Tölz, über die B 13 weiter nach Lenggries und hier den Wegweisern zur Brauneckbahn folgen

EINKEHR

Panoramarestaurant am Brauneck, Tel. 08042/50 12 50; Tölzer Hütte, Tel. 08042/87 32; Quengeralm, Tel. 08042/507 92 05; Strasseralm, Tel. 08042/31 23; Brauneck-Gipfelhaus, Tel. 08042/87 86

KARTE

AV-Karte 1:25 000, BY 11 Isarwinkel/ Benediktenwand

INFORMATION

Tourist-Info Lenggries, Tel. 08042/500 8800, www.lenggries.de; Brauneck- und Wallbergbahnen GmbH, Tel. 08042/50 39 40, www.brauneck-bergbahn.de

TIPP

Wie wäre es mit einer Übernachtung im Brauneck-Gipfelhaus? Dann können Sie die angebotenen Touren über mehrere Tage verteilen und das Bergpanorama immer wieder aufs Neue genießen (www.brauneckgipfelhaus.de).

8

Vom Blomberg zum Zwiesel

KUNST UND ZÜNFTIGES ÜBER DEM ISARTAL

Ein schöner Höhenwanderweg führt von der Bergstation der Blombergbahn zur Speckeralm; dort oder auch im Blomberghaus kann man gut einkehren. Alle Trittsicheren gehen über den Zwiesel die Runde weiter.

Der Blomberg kann eine lange Geschichte aufweisen. 2007 jährte sich der 100. Geburtstag des Blomberghauses. Jüngeren Datums ist die Sesselbahn auf den Berg, die 1971 eröffnet wurde. Um 1332 vermerkte man, dass der Berg Planberg hieß (»planus« = eben). In diesen Zusammenhang wird die romanische Bevölkerung aus jener Zeit gebracht, die einst auf dem an seinem Gipfel ebenen Berg gelebt haben mag.

Die Tour selbst ist kurzweilig und vielfältig. So begehen wir zunächst den Sinneswandel-Kunstwanderweg, wo der Kunstverein Tölzer Land e. V. Skulpturen, Plastiken und Land-Art-Objekte ausstellt – für alle Kunstinteressierten und Bergbegeisterten unter Ihnen ist das eine wunderbare Kombination. Die Wanderung selbst führt dann auf einem angenehmen Höhenweg hinüber zur Speckeralm. Dort gibt es kleine warme Speisen und Kuchen, natürlich selbst gemacht. Für alle unter Ihnen, die etwas Trittsicherheit mitbringen, bietet sich im Anschluss die Runde über den Zwiesel zurück zum Blomberghaus an. Dort können Sie ebenso einkehren, bevor Sie mit dem Sessellift wieder zu Tale schweben.

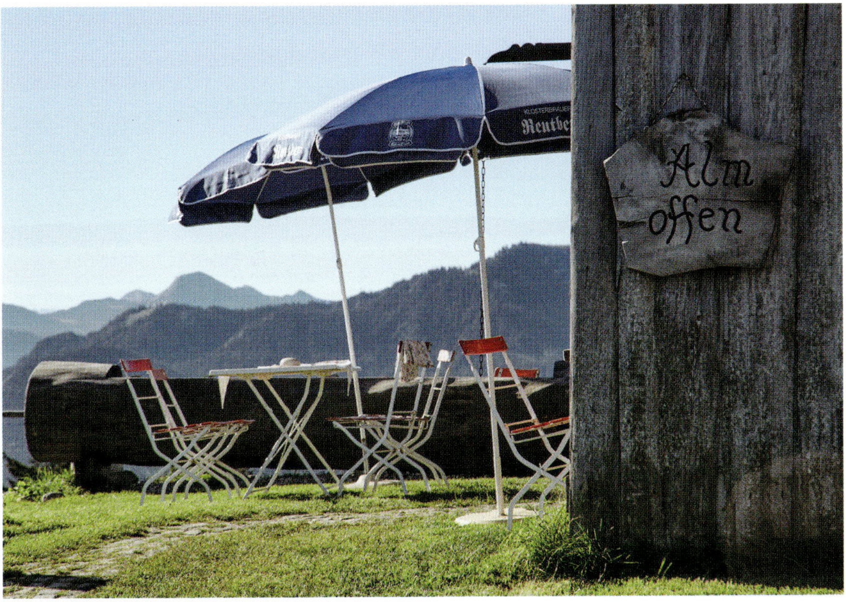

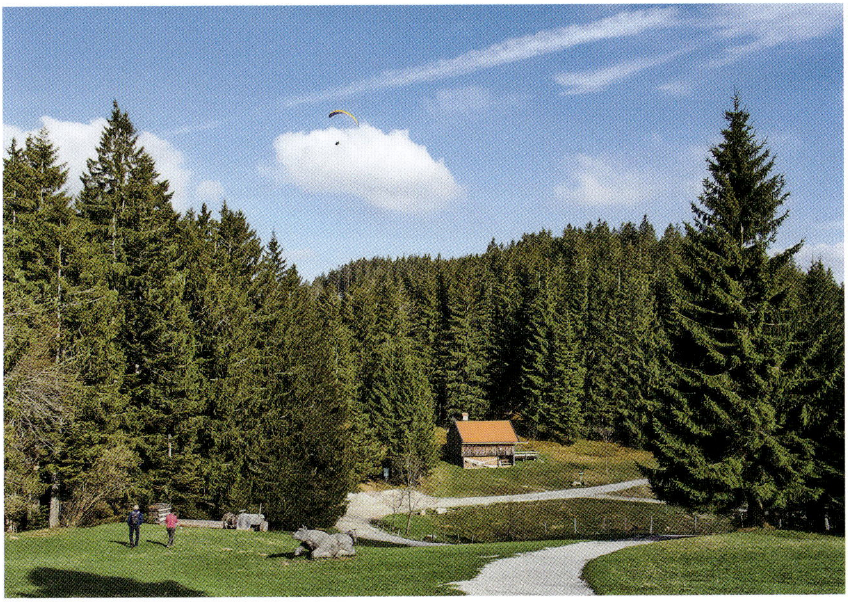

▲ Stillleben auf der Speckeralm
▼ Am Blomberghaus

Egal, für welchen Weg Sie sich entscheiden: Die Aussicht ist traumhaft. Nach Südosten schweift der Blick über das Isartal hinüber zum Seekarkreuz und zum Geierstein; dahinter baut sich der markante Felsgipfel des Guffert auf, und an klaren Tagen sieht man sogar bis zum Großvenediger. Weiter rechts tauchen mit Demeljoch und Juifen die Vorberge des Karwendels auf, und noch ein Stück weiter rechts, nun wieder näher, liegt vor uns die großartige Felskette der Benediktenwand. Dieses herrliche Panorama kann sich sehen lassen!

Alle, die etwas mehr laufen wollen – nicht zuletzt, weil man vielleicht auch die Enkel mit dabei hat –, können auf dem Entdeckerpfad hinunter ins Tal wandern (s. auch bei den Wegalternativen): Bei verschiedenen Stationen kann man hier die Natur neu entdecken – Holzfernrohre schärfen z.B. den Blick auf Besonderheiten am Wegesrand. Kurzweil ist also für die Enkel angesagt,

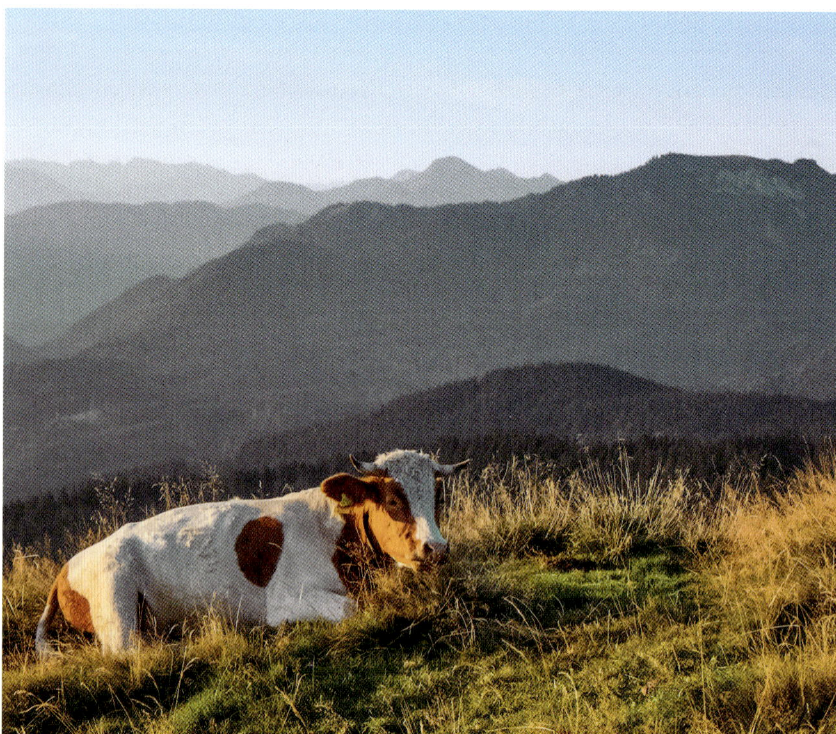

Kuhidylle am Blomberg

die ab der Mittelstation auch mit der Sommerrodelbahn abfahren können (wohlgemerkt: ab 8 Jahren). Oma und Opa können derweil auf dem bequemen Almweg zur Talstation laufen, wo man dann wieder glücklich zusammenfindet.

Zum Schluss bleibt noch der »Blomberg-Blitz« zu erwähnen, man könnte auch sagen: eine Achterbahn durch die Alpen mit wilden Kurven hinunter ins Tal. Nicht zu vergessen ist außerdem der Blomberg-Kletterwald nahe dem Blomberghaus. Weitere Informationen dazu gibt's unter www.der-blomberg.de/kletterwald bzw. unter Tel. 08041/793 56 92.

Wegbeschreibung

Von der Bergstation der Blombergbahn nimmt man rechter Hand den Weg Richtung Blomberghaus und begeht somit den Kunstwanderweg, den man zuvor auch auf der linken Seite der Blombergbahn Richtung »Heigelkopf, Wackersberger Alm« erkunden kann (dieser Wegteil ist allerdings nicht in der angegebenen Gehzeit eingeplant!). Vom Blomberghaus geht es Richtung Zwiesel und an der nächsten Weggabelung geradeaus mit dem Schild Richtung »Schnaiteralm, Zwieselalm« respektive »Speckeralm«, weiterhin auf einem breiten Schotterweg.

Von der Speckeralm aus können alle nicht Trittsicheren auf dem Hinweg wieder zurück zur Bergstation der Blombergbahn laufen. Alle anderen wandern westwärts auf dem Wiesenkamm 100 Höhenmeter bergauf bis zum Gipfelkreuz des Zwiesel. Dort wendet man sich nordwärts bergab zum Blomberghaus. Ab hier geht es dann auf dem bekannten Hinweg zurück zur Bergstation der Blombergbahn.

Wegalternativen

Leicht | Ab der Bergstation zum Blomberghaus und weiter über den Entdeckerpfad über die Mittelstation zur Talstation der Blombergbahn: bequemer Almweg zum Blomberghaus und im Abstieg gut angelegter Wanderweg, später Forstweg, 540 Hm im Abstieg, 1.30 Std.

Mittel | Ab der Bergstation über Heigelkopf und Waldherralm zur Talstation der Blombergbahn: Forstwege, Almweg und Wanderwege, teilweise steil, 20 Hm Auf- und 560 Hm Abstieg, ca. 3 Std.

Bad Tölz

Nach der Tour bietet sich für Bahnfahrer wie für Autofahrer noch ein Bummel durch die Tölzer Altstadt an. Besonders schön ist die Fußgängerzone der Marktstraße mit den Lüftlmalereien an den Fassaden der Häuser. Dort gibt es auch schöne Cafés. Besonders hervorzuheben sind aus diesem barocken und spätmittelalterlichen Ensemble das Sporerhaus, die alte Posthalterei und das Alte Rathaus sowie das Moralthaus, das Höckhenhaus und das Pflegerhaus. Das 1602 errichtete Heimat- und Bürgerhaus am Beginn der Marktstraße diente als Kulisse für die Serie »Der Bulle von Tölz« mit Ottfried Fischer. Von hier ist es nicht weit zur Stadtpfarrkirche Maria Himmelfahrt, die ab 1460 erbaut wurde und somit das älteste Bauwerk des Isarwinkels darstellt. Sehenswert ist auch der Kalvarienberg mit der Heilig-Kreuz-Kirche, von wo man einen wunderbaren Blick von Norden her über die Stadt hat. Die benachbarte Leonhardi-Kapelle ist Ziel der jährlichen Leonhardi-Wallfahrt, der größten ihrer Art, die jährlich am 6. November stattfindet und viele tausende Besucher anlockt.

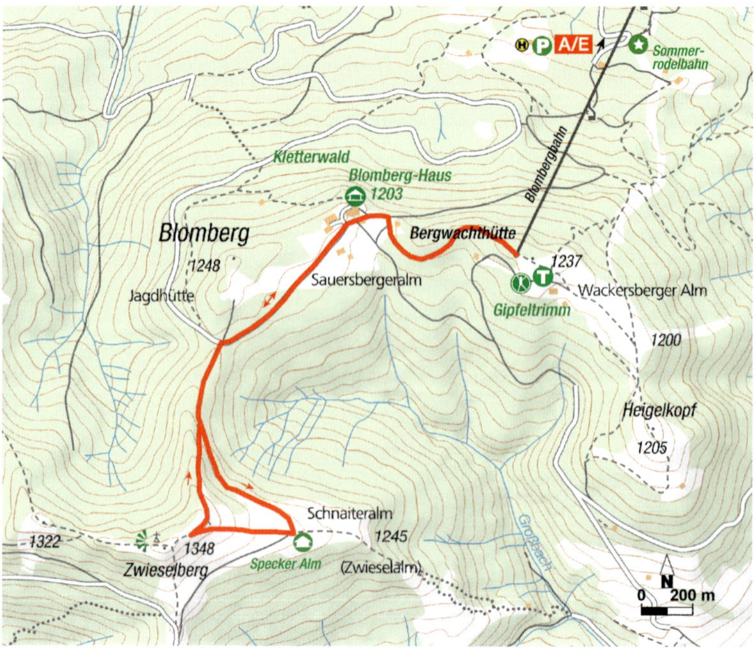

Auf einen Blick

GEHZEIT UND SCHWIERIGKEIT

Leicht | 1.30 Std. | 180 Hm Auf- und Abstieg | Bequeme Almwege zur Speckeralm, Abstecher zum Zwiesel auf Wanderweg

ROLLSTUHLGEEIGNET

Wochentags Anfragen erbeten, beim Transfer in den Sessellift Mobilitätshilfe erforderlich, ebenso auf dem Weg zum Blomberghaus (kein Behinderten-WC, ebenerdige Zufahrt) wegen Gefälle bzw. Steigung

AUSGANGS-/ENDPUNKT

Talstation Blombergbahn

ANFAHRT

Bus & Bahn: BRB München–Lenggries bis Bad Tölz, weiter mit Bus 9612 Richtung Kochel oder mit Bus 9591 Richtung Bad Heilbrunn/Penzberg bis Haltestelle »Blombergbahn«;
Auto: A95 bis Ausfahrt Penzberg, weiter Richtung Bad Tölz bis zur Talstation der Blombergbahn. Oder A8 bis Ausfahrt Holzkirchen, weiter nach Bad Tölz und von dort Richtung Kochel bis zur Blombergbahn

EINKEHR

Blomberghaus, Tel. 08041/6436; Speckeralm

KARTE

AV-Karte 1:25 000, BY11 Isarwinkel/Benediktenwand

INFORMATION

Tourist-Info Bad Tölz, Tel. 08041/78670, www.bad-toelz.de; Blombergbahn, Tel. 08041/3726, www.blombergbahn.de

TIPP

Werden Sie bei Ihrem Ausflug am Blomberg zum Detektiv und gehen Sie dem Waldsterben auf den Grund. Die Waldkrimi-App hilft Ihnen auf der Suche nach der Ursache für das Absterben des Waldes! Sie können Ihren Auftrag erfüllen, indem Sie verschiedene Aufgaben und knifflige Rätsel lösen. Auf einer einzigartigen und abenteuerlichen Entdeckungsreise lernen Sie etwas über die Ökologie des Waldes und die Ursachen für Störungen im Wald. Weitere Informationen gibt es unter www.der-blomberg.de.

9

Auf dem Tegernseer Höhenweg

VON TEGERNSEE NACH SCHWAIGHOF

Der Tegernseer Höhenweg führt in seinem schönsten Abschnitt nach Schwaighof. Tiefblicke genießt man vom Aussichtspavillon, von wo man auch die Bucht von Rottach-Egern mit dem Wallberg dahinter überblicken kann.

Der angenehm zu gehende Höhenweg schlängelt sich durch den tiefen Wald hinauf. Hier begleitet uns auch ein Waldlehrpfad. Dann ist auch schon der Aussichtspavillon erreicht. Der Blick schweift hier nach Süden über die Bucht von Rottach-Egern; dahinter erhebt sich steil und massig der Wallberg mit seinem Gipfelplateau. Die Kirche in Rottach-Egern und alles drum herum wirken wie eine perfekte Spielzeuglandschaft – ein Traummotiv für jeden Fotografen, also unbedingt den Fotoapparat mitnehmen! Östlich blickt man über den See hinüber nach Bad Wiessee, dahinter ist der Fockenstein zu erkennen.

Nachdem das Hotel Leeberghof passiert ist, zieht sich der Weg wieder durch den idyllischen Wald. Schafe und Kühe grasen auf den Bergwiesen hoch oberhalb des Wegs, und ein besonders schönes Bildmotiv bietet die Holzhütte der Leebergalm. Dann ist es auch nicht mehr weit bis nach Schwaighof. Ein beschaulicher Spaziergang geht zu Ende. Dem können Sie aber noch das i-Tüpfelchen verpassen, wenn Sie von Rottach-Egern aus mit dem Schiff über den See zurück nach Tegernsee-Ort fahren (s. Tipp).

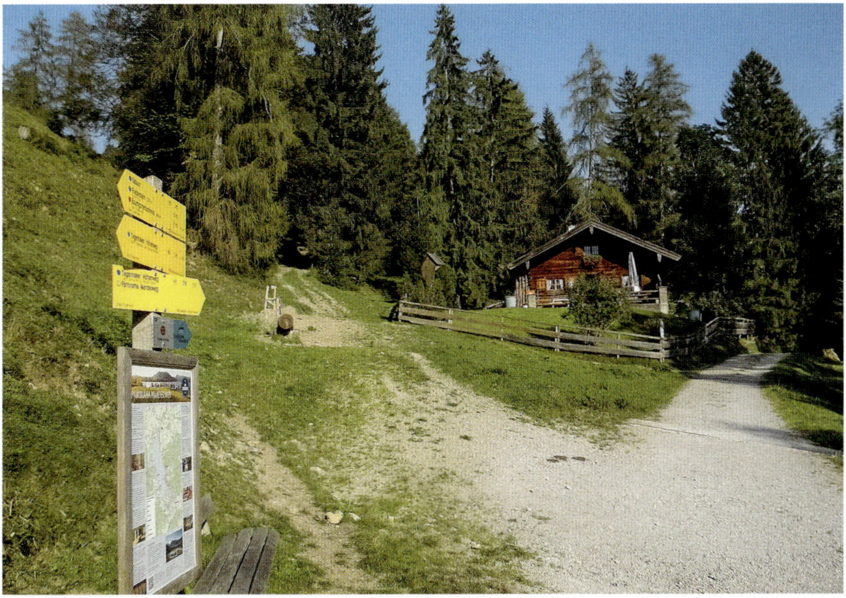

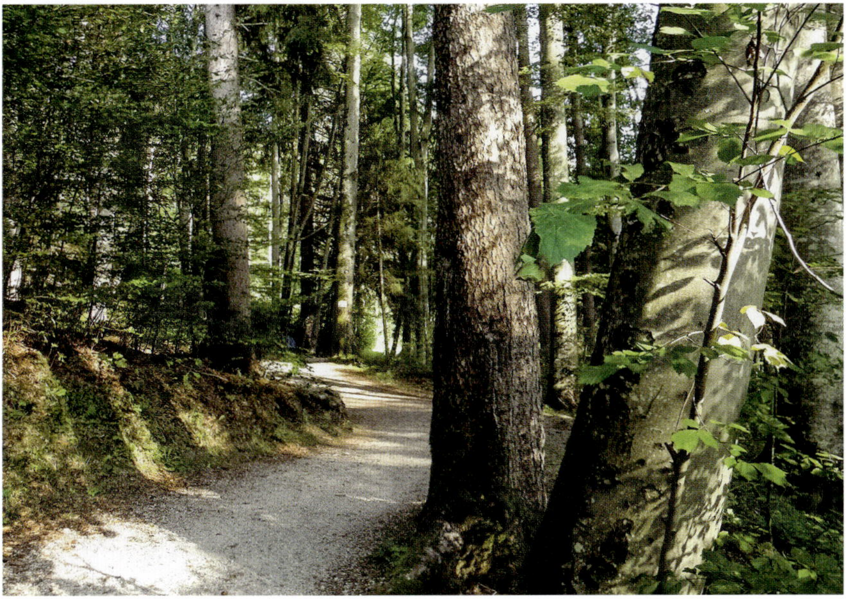

▲ Am Leeberg-Höhenweg: einfach nur idyllisch!
▼ Die Seele baumeln lassen auf dem Leeberg-Höhenweg. Zeit für die Muse

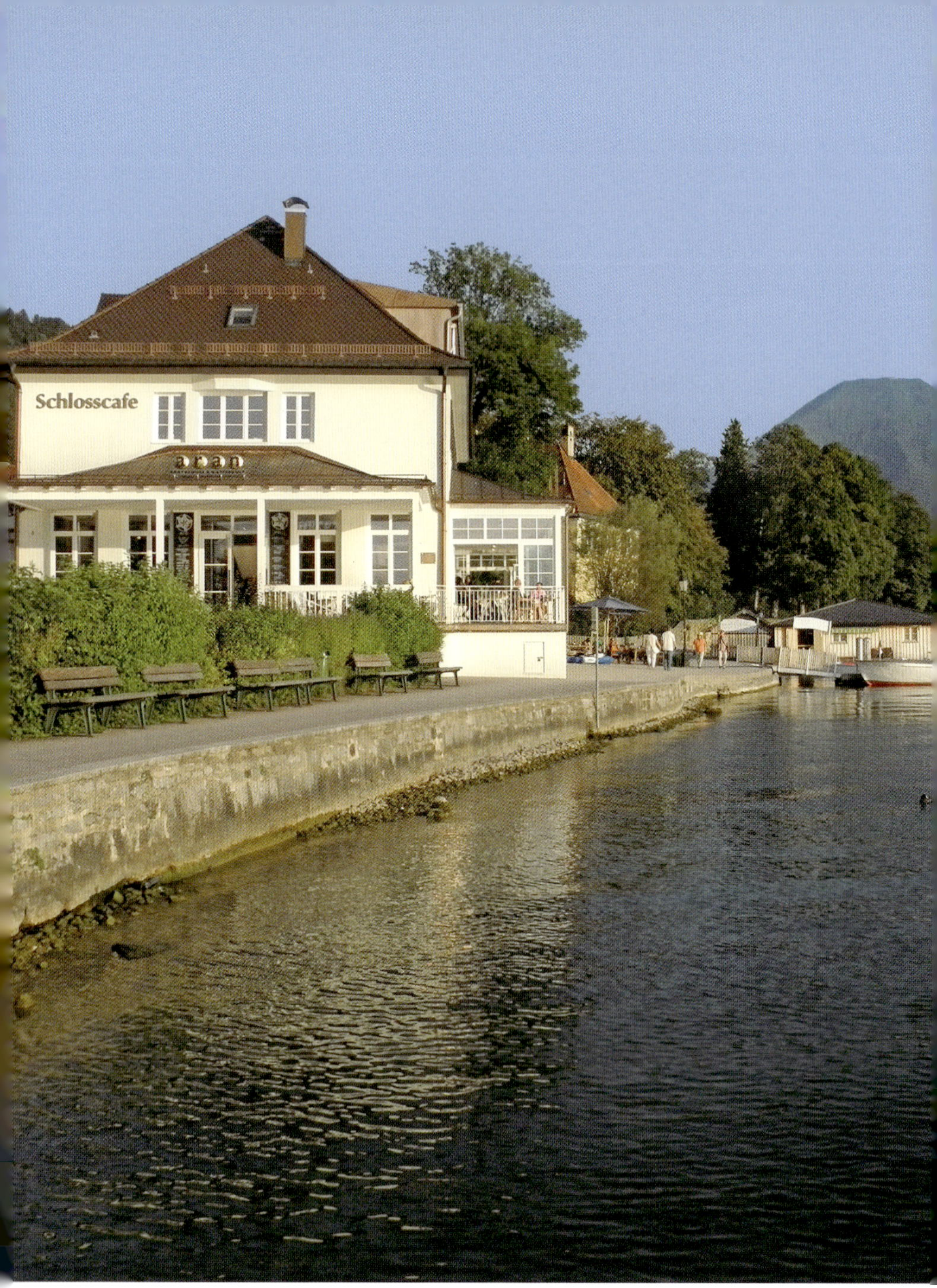

Und nach der Tour geht es in das Schlosscafé.

Wegbeschreibung

Von den Parkplätzen am Bahnhof Tegernsee bzw. vom Bahnhof selbst gehen wir in südlicher Richtung die Bahnhofstraße bergab. Dann geht es links in die Lärchenwaldstraße. Dort orientiert man sich am Schild »Tegernseer Höhenweg nach Rottach-Egern und Schwaighof«, wendet sich dann rechts in die Straße Am Brand, überquert so eine Bachbrücke und geht danach geradeaus. Gleich darauf nimmt man den linken Weg mit dem Schild »Tegernseer Höhenweg nach Rottach-Egern und Schwaighof über Oberen Lerchenwaldweg«. Man befindet sich nun auf einem Waldlehrpfad mit einigen interessanten Stationen. Wenig später ist auch schon der Aussichtspavillon erreicht.

Von hier wandern wir weiter bergauf, immer mit dem schon bekannten Wegweiser »Tegernseer Höhenweg nach Rottach-Egern und Schwaighof«, weshalb dieser für die restliche Wegstrecke nicht mehr erwähnt wird. Dann geht es eine Nebenstraße bergab; man hält sich links und passiert das Hotel Leeberghof. Der Weg bleibt danach auf etwa gleicher Höhe. Dann geht es bergab zu einer Bachbrücke. Hier wendet man sich nach rechts und gelangt so zu einem Wanderparkplatz. Dort folgt man rechts dem Schild »Tegernsee« in die Riedersteinstraße, auf der man an der nächsten Gabelung linker Hand weiter bergab bis nach Schwaighof läuft. An der Hauptstraße sind es nur noch wenige Meter bis zur Bushaltestelle. Von hier kann man nun mit mehreren Buslinien zum Ausgangspunkt am Bahnhof Tegernsee zurückfahren, von wo man die Heimreise mit Auto oder Bahn antritt.

Wegalternativen

Mittel | Ab Tegernsee-Bahnhof auf dem beschriebenen Normalweg bis zum Hotel Leeberghof, hinauf zum Berggasthaus Riederstein (Galaun) und weiter nach Schwaighof; von dort Rückfahrt mit dem Bus nach Tegernsee-Bahnhof: Spazier-, Wander- und Forstwege, 350 Hm Auf- und Abstieg, 2.30 Std.
Mittel | Ab Tegernsee-Bahnhof auf dem Tegernseer Höhenweg (Nord) Richtung Gmund, dann verschiedene Wegvarianten zur Neureuth: Spazier-, Wander- und Forstwege, 530 Hm Auf- und Abstieg, ca. 3 Std.

Das Herzogliche Bräustüberl und Kloster Tegernsee

Wer mag es nicht, das schmackhafte Bier aus dem Herzoglichen Brauhaus Tegernsee? Meine Empfehlung: eine gepflegte Halbe im Bräustüberl des Klosters Tegernsee einnehmen und dann zurück nach Hause fahren, am besten mit der Bahn, denn der Bahnhof ist nur 10 Gehminuten vom Kloster entfernt. Gegründet wurde das Kloster Tegernsee im 8. Jahrhundert als eine Abtei der Benediktiner. Heute gehören die Gebäude der herzoglichen Linie der Wittelsbacher. Neben dem Bräustüberl und dem Restaurant befinden sich in den ehemaligen Klostergebäuden das Gymnasium Tegernsee und das Herzogliche Brauhaus Tegernsee. Lassen Sie sich also im Bräustüberl eines der feinen Biere schmecken. Diese sind das Ergebnis einer über 1000-jährigen Braukunstgeschichte. Acht Biersorten gibt es, vom bekannten Tegernseer Dunkel über das feinherbe Pils bis hin zum für Oberbayern so typischen Dunklen. Schön ist auch ein Bummel über die nahegelegene Seepromenade mit Blick über den Tegernsee hinüber nach Bad Wiessee im Westen sowie zum Wallberg und Setzberg mit dem Wallbergkircherl und weiter rechts zu den markanten Blaubergen.

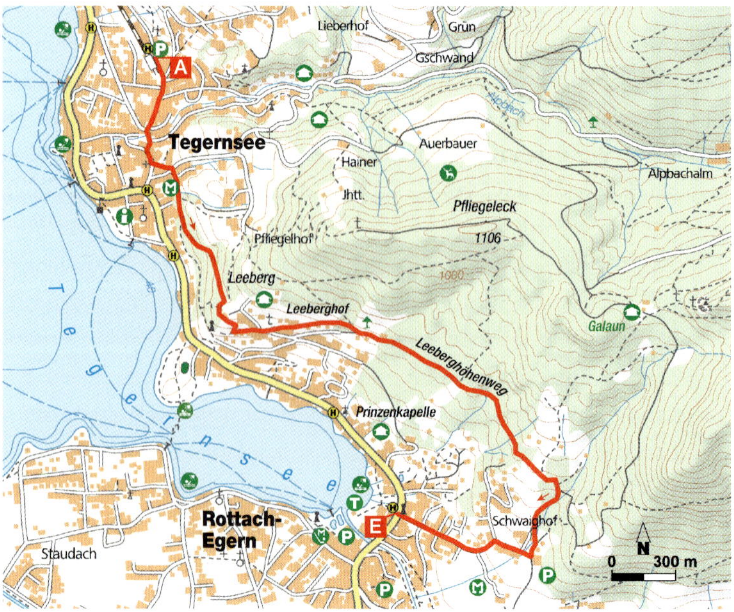

Auf einen Blick

GEHZEIT UND SCHWIERIGKEIT

Leicht | 1.45 Std. | 180 Hm Auf- und Abstieg | Bequemer Spazierweg mit kurzen Höhenunterschieden, die teilweise steil sind

ROLLSTUHLGEEIGNET

Nein

AUSGANGS-/ENDPUNKT

Rottach-Egern bzw. Bahnhof Tegernsee

ANFAHRT

Bus & Bahn: BRB München–Tegernsee; **Auto:** A8 München–Salzburg bis Ausfahrt Holzkirchen, über Gmund nach Tegernsee, dort an der ersten Ampel im Ort links in die Hochfeldstraße, dann links in die Karl-Theodor-Straße und den Wegweisern »Bahnhof P4« folgen; **Bus-Rückfahrt für alle:** Ab Tegernsee-Schwaighof fahren mehrere Buslinien nach Tegernsee-Bahnhof.

EINKEHR

Mehrere Restaurants in Tegernsee und Rottach-Egern

KARTE

AV-Karte 1:25 000, Nr. 7/1 Tegernsee/Schliersee

INFORMATION

Tegernseer Tal Tourismus GmbH, Tel. 08022/92 73 80, www.tegernsee.com

TIPP

Wie wäre es mit einer Schifffahrt über den Tegernsee? Verschiedene Kurse laden zu einer beschaulichen Fahrt ein. Gehen Sie hierzu in Schwaighof an der Hauptstraße linker Hand wenige Meter zum Ortseingang von Rottach-Egern, biegen am Seeforum rechts in den Max-Joseph-Weg und laufen zur Anlegestelle »Rottach-Egern/Strandbad«. In Tegernsee angekommen, geht man in der Nähe des Klosters über die Bahnhofstraße hinauf zum Bahnhof (Seen-Schifffahrt Tegernsee, Tel. 08022/933 11, www.seenschifffahrt.de/tegernsee).

10

Zur Schliersbergalm

BEZAUBERNDER SEEBLICK
VON DER HÖHE

Mit der Seilbahn hinauf und mit Seeblick zu Fuß bergab – das ist die Devise bei dieser Tour für Oma und Opa, während die Enkel mit der Sommerrodelbahn zu Tale rauschen. Sonnenreiche Stunden gibt's hier oben noch dazu.

Die ideale Kombination für Großeltern und Enkel bietet Ihnen diese Tour. Nach einem kurzen Anmarsch aus dem Ort Schliersee fährt man mit der Seilbahn hinauf. Oben können es sich die Erziehungsberechtigten gut gehen lassen, denn auf der Terrasse der Schliersbergalm schmeckt es bei dieser Aussicht besonders gut: Um den See mit der Insel Wörth stehen bekannte Berge wie die Brecherspitz Spalier, und im Hintergrund lugt der markante Wallberg hervor. Davor erheben sich auf der gegenüberliegenden Seeseite Westerberg, Gindelalmschneid und Huberspitz. Während die Großen Kaffee und Kuchen genießen, dürfen sich die Kleinen hier oben im Freizeitpark vergnügen. Ein neu angelegter Spielplatz, ein Kugelbad und eine Alpenroller-Mini-Achterbahn sorgen für jede Menge Spaß und Abwechslung.

Geht's an den Rückweg, dürfen die Enkel mit der Sommerrodelbahn ins Tal hinunterbrausen (sofern sie über 8 Jahre alt sind, sonst ist Begleitung erforderlich). Treffpunkt wäre dann wieder an der Talstation der Schliersbergbahn. Vielleicht trauen sich ja auch Oma und Opa mitzufahren? Die können aber auch wunderbar im milden Nachmittagslicht die stimmungsvollen Momente beim Abstieg über den alleeähnlichen Serpentinenweg hinunter nach Schliersee genießen. Die alten Bäume und die Blicke zum See und hinüber zur Brecherspitz liefern wunderschöne Bildmotive für Ihre Erinnerungen an

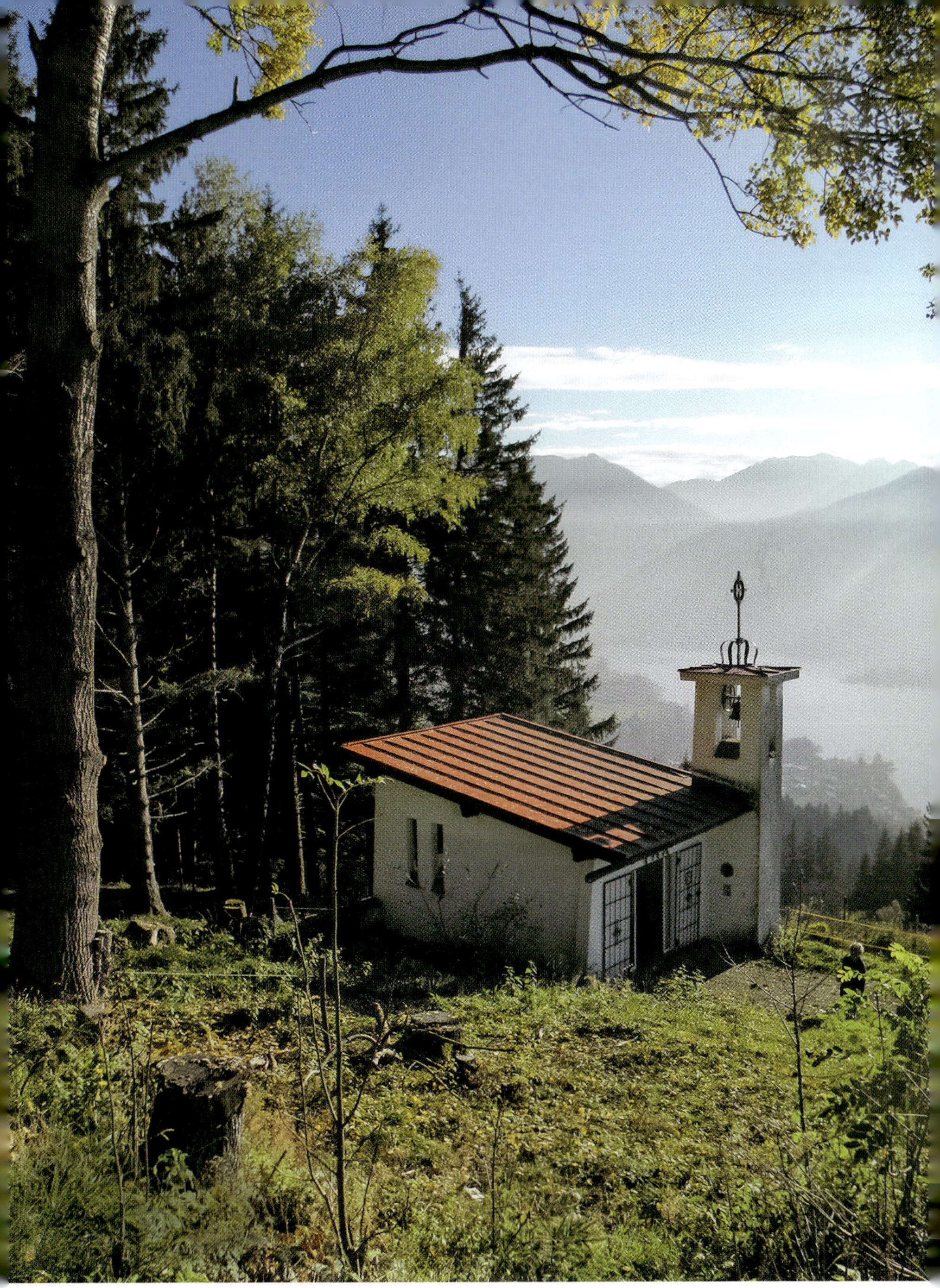

Herbstlicher Traumblick auf den Schliersee

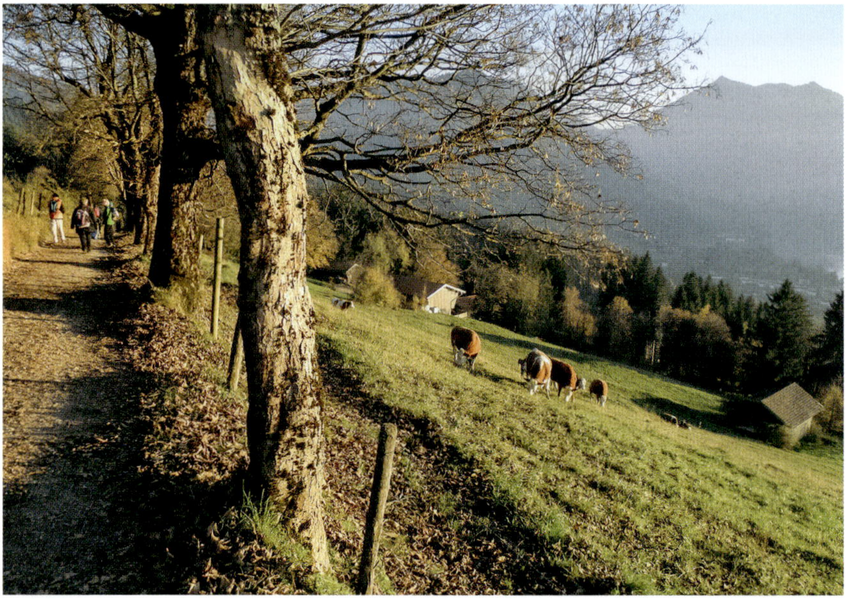

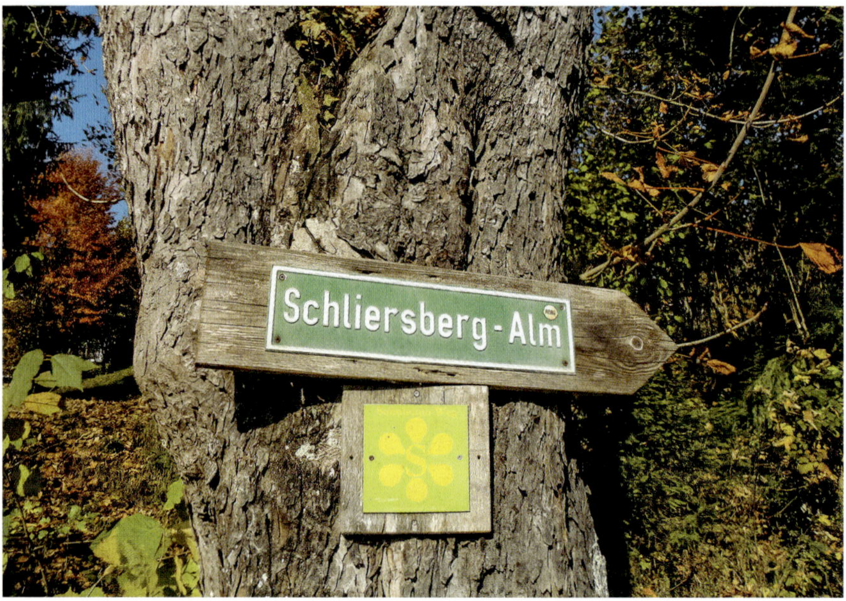

▲ Herbstidylle pur: auf dem Alleeweg zur Schliersbergalm
▼ Wegweiser oder Kunstwerk?

diese Wanderung. Auch kann man an der Schliersbergalm noch an warmen Sommerabenden im letzten Abendlicht sitzen, um dann in der einsetzenden Dämmerung abzusteigen. Unten gehen dann allmählich die Lichter in den Häusern an, und der See liegt in einem dunklen Grün in seiner Mulde. Das verleiht dieser Wanderung eine ganz besondere Stimmung. Dann sollte man aber vielleicht auf den letzten Metern hinunter ins Tal eine Stirnlampe mit dabeihaben – die Enkel finden das sicher spannend!

Wegbeschreibung

Vom Bahnhof in Schliersee bzw. von den Parkplätzen dort geht man am südlichen Ende der Gleise linker Hand in die Werner-Bochmann-Straße, wendet sich dann rechter Hand der Hauptstraße zu, biegt gleich wieder links in die Leitnerstraße mit dem Schild »Schliersbergalm« und erreicht so die Talstation der Schliersbergbahn.

Nach der Auffahrt mit der Schliersbergbahn und einer möglichen Einkehr mit Aufenthalt im Freizeitpark folgt man dem Wegweiser »Schliersee«, vorbei am SB-Bereich und an einem Kinderspielplatz. An der nächsten Gabelung geht es mit diesem Wegweiser in den Serpentinenweg rechter Hand und bergab in den Ort Schliersee. Zuletzt gelangt man auf dem Dekan-Maier-Weg zur Talstation der Schliersbergbahn zurück. Die restliche Wegstrecke zurück zum Ausgangspunkt am Bahnhof Schliersee entspricht dem bekannten Hinweg.

Wegalternativen

Leicht | Ab der Bergstation Richtung Attenberg und über Schwarze Lacke und Kalkgraben zurück nach Schliersee: Forstwege und Nebenstraßen, 50 Hm Auf- und 300 Hm Abstieg, 2 Std.
Mittel | Ab der Bergstation über Riß und Kreit zurück nach Schliersee: Forstwege, Wanderwege und Nebenstraßen, 50 Hm Auf- und 300 Hm Abstieg, 2 Std.

Das Markus Wasmeier Freilichtmuseum

Südlich des Schliersees, in unmittelbarer Nähe des Bahnhofes Fischhausen-Neuhaus und damit für Bahn- und Autofahrer gleichermaßen gut erreichbar, liegt das Markus Wasmeier Freilichtmuseum, ein altbayerisches Bauernhofdorf. Die Skilegende Markus Wasmeier eröffnete das nach ihm benannte Museumsdorf im Jahr 2007. Der gelernte Maler und sein Vater Günther Wasmeier, der von Beruf Lüftlmaler und Restaurator war, wussten genau, wie man ein altbayerisches Flair zaubert. Viele verschiedene Häuser wie Behamhof, Riederhof und das Handwerkerhaus mit Schmiede, Schusterei, Schreinerei und Brennerei gibt es hier zu besichtigen, daneben noch viele andere Stationen wie Kräutergarten, Brotbackofen oder Bauerngarten. Für das leibliche Wohl ist bestens gesorgt: Eine Einkehr empfiehlt sich im Wirtshaus »Zum Wofen« mit schönem Biergarten. Interessant sind auch die historischen Zäune. Führungen für Erwachsene rund um das Kulinarische, mit Schnapsbrennen und Brotbackkunst, gibt es ebenso wie Angebote für Kinder, etwa Filzen und Buttern sowie Specksteinschleifen und zudem einige Spielstationen. Weitere Informationen finden Sie unter www.wasmeier.de.

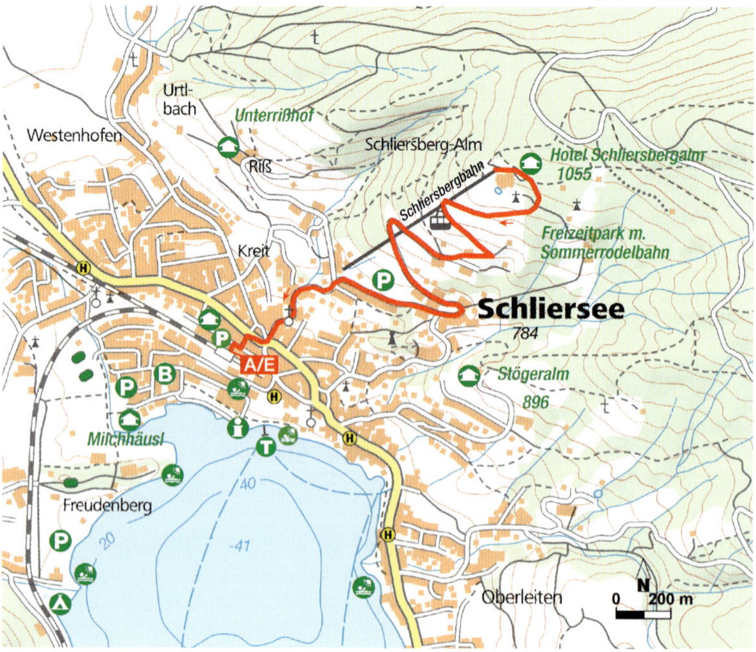

Auf einen Blick

GEHZEIT UND SCHWIERIGKEIT

Mittel | 2.30 Std. | 50 Hm Aufstieg, 280 Hm Abstieg | Wanderung auf bequemem Schotterweg und auf Nebenstraßen

ROLLSTUHLGEEIGNET

Auffahrt mit der Gondel und weiterer Weg zur Schliersbergalm und zum Almstadel barrierefrei; Anreise mit der Bahn: wegen dem steilen Weg zur Talstation nicht rollstuhlgeeignet, kein Behinderten-WC, Mobilitätshilfe empfohlen; bei Anreise mit dem Pkw zur Bergstation Mobilitätshilfe erforderlich, Tour dann nicht rollstuhlgeeignet

AUSGANGS-/ENDPUNKT

Bahnhof Schliersee

ANFAHRT

Bus & Bahn: BRB München–Bayrischzell bis Bahnhof Schliersee;
Auto: A8 München–Salzburg bis Ausfahrt Weyarn, über Miesbach nach Schliersee und dort rechts über die Werner-Bochmann-Straße zu den Parkplätzen westlich des Bahnhofs

EINKEHR

Schliersbergalm, Tel. 08026/6722

KARTE

AV-Karte 1:25 000, Nr. 7/1 Tegernsee/Schliersee

INFORMATION

Tourist-Info Schliersee,
Tel. 08026/60650, www.schliersee.de;
Schliersbergbahn, Tel. 08026/6723

TIPP

In Schliersee lohnt sich ein Abstecher zum See: Hierzu gehen Sie vom Bahnhof nur wenige Meter zur Vitalwelt am Schliersee. Egal, ob Sie am See spazieren gehen, eine Bootsfahrt machen oder im Milchhäusl einkehren oder vielleicht noch in der Vitalwelt baden gehen möchten – hier können Sie auf vielfältige Weise Ihre Tour abschließen.

11

Vom Stümpfling zum Roßkopf

HOCH ÜBER DEM SPITZINGSEE

Klein, aber fein: Unter dieser Devise ist man schnell und bequem von der Stümpflingbahn-Bergstation zum Roßkopf unterwegs. Belohnt wird man mit schönen Aussichten, untermalt vom melodischen Läuten der Kuhglocken.

Komfortabel und schnell, so geht es im Vierersessellift hinauf auf den Stümpfling. Da kann man sich schon mal gemütlich unterhalten und die Blicke auf die Landschaft genießen, in Vorfreude auf eine kleine Gipfeltour mit aussichtsreichen Momenten. Übrigens, der Sessellift macht hier seiner Bezeichnung wirklich alle Ehre, denn in den Polstersesseln sitzt man sehr bequem. Oben angelangt, begibt man sich auf Schusters Rappen und läuft auf einem schönen Wanderweg hinüber zum Roßkopf. Zuletzt steigt man über weite Almwiesen die letzten Meter hinauf zum Gipfel.

Ein »Heidi-Gefühl« mag da den einen oder anderen Betrachter beschleichen – und das kann man gut verstehen, schließlich weiden hoch über der Alm um den Gipfel des Roßkopf friedlich die Kühe, und zusammen mit dem Gipfelkreuz bieten sich so schöne Bildmotive. Und rundum erfreut uns die Bergwelt: Im Norden grüßen von ganz nah Bodenschneid und Brecherspitz herüber, im Osten reihen sich von links nach rechts Jägerkamp, Aiplspitz, Taubenstein und Rotwand aneinander. Darunter liegt ganz tief unter uns wie ein grünes Auge der Spitzingsee. Weiter rechts grüßt noch das Sonnwendjoch herüber, und im Süden steht markant die Felsgestalt des Guffert, gefolgt von den Gipfeln des Karwendels, und an ganz klaren Tagen sieht man über das

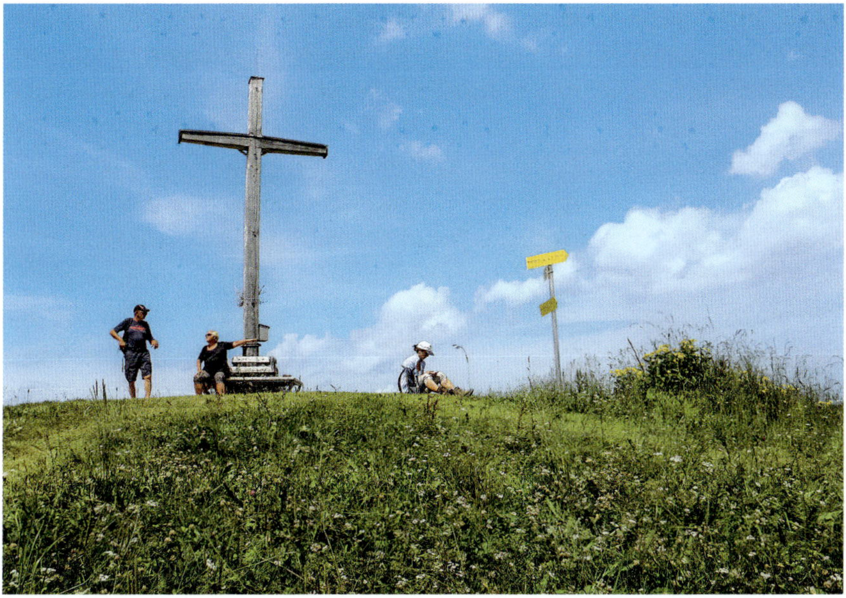

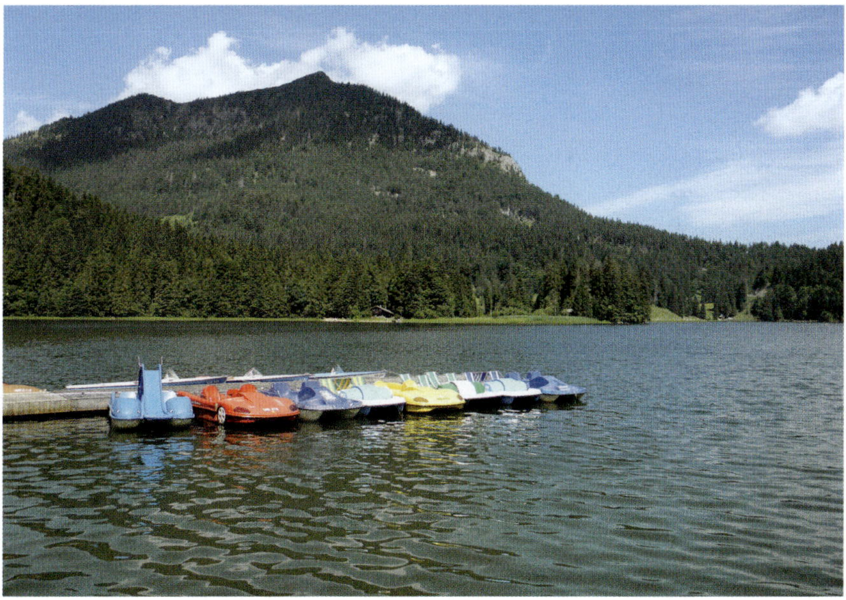

▲ Ausspannen auf dem Gipfel des Roßkopf
▼ Nach der Tour noch eine Bootsfahrt auf dem Spitzingsee

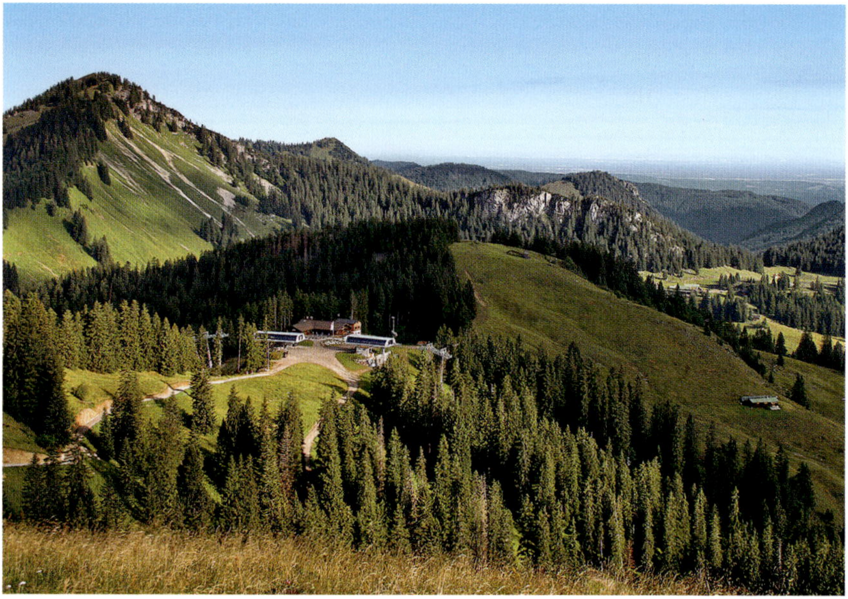

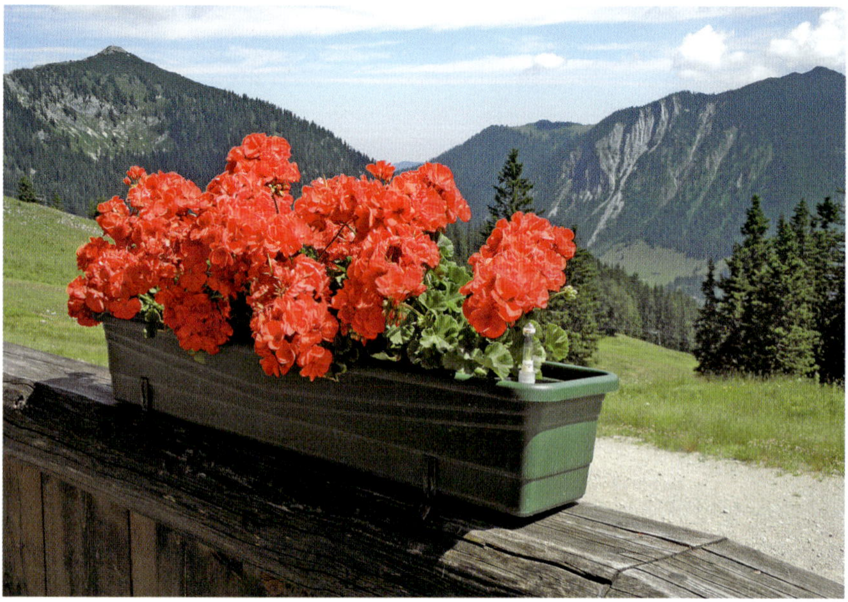

▲ Blick vom Roßkopf auf die Bergstation an der Jagahüttn
▼ Dort wird man mit einem Blumengruß empfangen.

Wetterstein bis hinüber zur Zugspitze – um nur die bekanntesten Berge dieser Gipfelparade zu nennen.

Nach dem Abstieg zur Bergstation lohnt noch ein Abstecher zur Jagahüttn. Hier können Sie sich noch kulinarisch verwöhnen lassen, bevor Sie im bequemen Sessel wieder Richtung Tal hinabschweben.

Wegbeschreibung

Bahn- bzw. Busfahrer folgen von der Bushaltestelle »Spitzingsee-Kirche« der Fahrstraße in südlicher Richtung zum See. An der Wurzhütte beim Bootsverleih geht man auf dem Seerundweg ein Stück bis zum nächsten Abzweig. Hier wendet man sich links Richtung Talstation der Stümpflingbahn zu und folgt im weiteren Verlauf der Fahrstraße bis zur Talstation.

Hier beginnen die Autofahrer die Tour. Alle zusammen nehmen nun die Bergbahn hinauf zum Stümpfling. Von dort aus geht es in südlicher Richtung mit dem Wegweiser »Roßkopf, Stolzenberg« auf einem Wanderweg bis zum Gipfel des Roßkopfs hinauf.

Der Rückweg entspricht dem Hinweg; zurück zur Bergstation der Stümpflingbahn. Bahn- bzw. Busfahrer folgen von der Talstation dem Hinweg nach Spitzingsee-Kirche. Bitte beachten Sie am Beginn der Tour die Angaben zur letzten Talfahrt.

Wegalternativen

Mittel | Ab der Bergstation über Suttenstein zur Unteren Firstalm, hier auf einer Nebenstraße zum Münchner Haus, am Spitzingsee nach rechts und zurück zu den jeweiligen Ausgangspunkten: Wanderwege und Nebenstraßen; mit Autoanreise: 70 Hm Auf- und 430 Hm Abstieg, 2 Std.; mit Bahn/Bus: 20 Hm Auf- und 430 Hm Abstieg, 2 Std.

Mittel | Ab der Bergstation über Roßkopf und Stolzenberg und über die Untere Haushamer Alm und die Valepper Almen zum Spitzingsee: steigähnliche Wanderwege – nur bei Trockenheit zu empfehlen! Mit Autoanreise: 220 Hm Auf- und 550 Hm Abstieg, 3 Std.; mit Bahnanreise: 180 Hm Auf- und 550 Hm Abstieg, 3 Std.

Hinweis: Der direkte Abstieg zur Talstation kann wegen der möglichen Abfahrt von Mountainbikes nicht empfohlen werden, weshalb er auch unter den Wegalternativen nicht aufgeführt ist.

Fakten und Geschichten rund um den Spitzingsee

Der Spitzingsee, der laut alten Karten früher auch als »Stump See« bezeichnet wurde, misst an seiner tiefsten Stelle 16,3 Meter. Sein Abfluss in südlicher Richtung, an der Wurzhütte, ist die Rote Valepp, die sich etwas südlich nahe dem Forsthaus Valepp mit der Weißen Valepp vereinigt. Der Bergsee liegt auf einer beachtlichen Höhe von 1084 Metern und zählt mit einer Fläche von 28,3 Hektar zu den größten Bergseen in den Bayrischen Alpen. Ein schöner Rundweg führt im Sommer wie im Winter um den See, der in etwa einer dreiviertel Stunde umwandert ist. Dabei ergeben sich schöne Ausblicke über den See auf Brecherspitz, Bodenschneid, Taubenstein, Lämpersberg, Stümpfling, Roßkopf und Stolzenberg. Zudem gibt es eine alte Sage vom Spitzingsee. Es heißt, es befinde sich hier ein geheimer Strudel, der mit dem Inn verbunden ist. Drei Männer waren angeblich im See ertrunken, die man erst im Wasser des Inns nahe Wasserburg wieder gefunden habe. Eine Ente, die ebenso in den Strudel geriet, tauchte wohl ebenfalls dort wieder auf, allerdings noch wohlbehalten schnatternd.

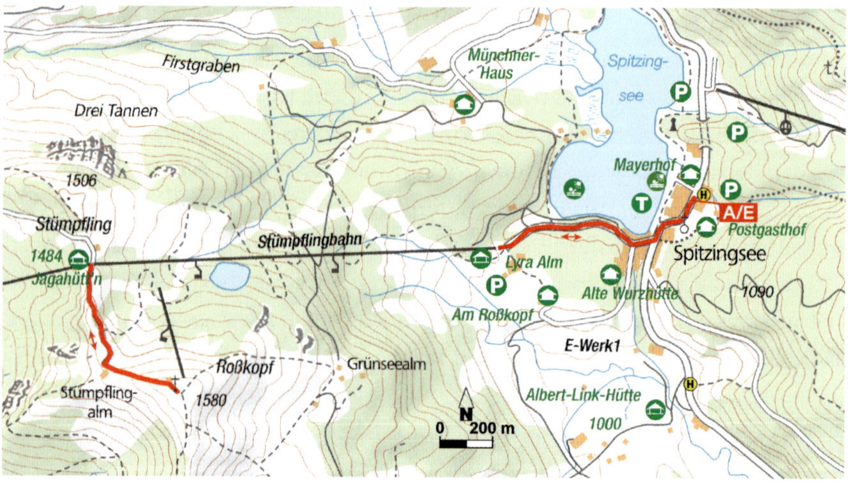

Auf einen Blick

GEHZEIT UND SCHWIERIGKEIT

Leicht | Auto: 1.15 Std. | 100 Hm Auf- und Abstieg | Bahn: 2.15 Std. | 150 Hm Auf- und Abstieg | Bequemer Wanderweg

ROLLSTUHLGEEIGNET

Mit Mobilitätshilfe, die den Transfer in den Sessellift abwickelt, möglich; kein Behinderten-WC, Jagahüttn barrierefrei erreichbar

AUSGANGS-/ENDPUNKT

Talstation Stümpflingbahn (Parkplatz) bzw. Bushaltestelle »Spitzingsee-Kirche«

ANFAHRT

Bus & Bahn: BRB München–Bayrischzell bis »Fischhausen/Neuhaus«, mit Bus 9562 Richtung Spitzingsee bis Haltestelle »Spitzingsee-Kirche«;
Auto: A 8 München–Salzburg bis Weyarn, über Miesbach und Schliersee nach Fischhausen/Neuhaus, weiter Richtung Bayrischzell, dann rechter Hand über die Spitzingstraße hinauf nach Spitzingsee-Ort und rechter Hand zum Parkplatz der Stümpflingbahn

EINKEHR

Jagahüttn, Tel. 08026/92 51 55

KARTE

AV-Karte 1:25 000, Nr. 7/1 Tegernsee/Schliersee

INFORMATION

Tourist-Info Schliersee,
Tel. 08026/606 50, www.schliersee.de;
Stümpflingbahn, Tel. 08026/929 22 30,
www.alpenbahnen-spitzingsee.de

TIPP

Für alle, die etwas mehr wollen – Alpiner Premium Wanderweg Spitzing: Der neu ausgeschilderte Weg führt ab der Bergstation über Suttenstein und die Obere Firstalm zur Freudenreichkapelle, weiter über die Freudenreichalm und die Bodenschneid zurück zur Bergstation. Zumeist typische Wanderpfade, 840 Hm auf und ab, Gehzeit 5 Stunden

12

Vom Spitzingsee zum Blecksteinhaus

DAS SONNWENDJOCH IM BLICK

Eine weitgehend ebene Wanderung führt aussichtsreich um den Spitzingsee herum und über die Valepper Almen zum Blecksteinhaus. Neben der Brecherspitz und der Bodenschneid rückt das Sonnwendjoch ins Blickfeld.

Meist weht am Spitzingsee ein leichter Wind sanft über das Wasser. Die kleinen Wellen plätschern friedlich ans Ufer und schaffen ein durchaus romantisches Ambiente, besonders dann, wenn im Herbst das Licht der milden Mittagssonne diese Ansicht nochmals verschönert. Viele Bänke am Uferweg laden dazu ein, hier ein wenig zu verweilen. Dabei schweift der Blick immer wieder zur Brecherspitz, wenn man sich auf den romantischen Spitzingsee-Rundweg begibt. Am Westufer des Sees sieht man Jägerkamp und Taubenstein. Auf dem Weiterweg Richtung Blecksteinhaus kann man weit ins Tal der Roten Valepp nach Süden sehen. Die Valepper Almen bilden hier mit dem Sonnwendjoch im Hintergrund ein besonders stimmungsvolles, friedliches Bild. Wenn man dann wieder in den Wald eintaucht, ist es auch nicht mehr weit bis zum Blecksteinhaus. Die ansprechende Hütte mit gemütlichen Gasträumen hat, auch was das Essen angeht, einiges zu bieten.

Die Tour verläuft übrigens in weiten Teilen auf dem sogenannten Bockerlbahnweg. Nach einem tornadoähnlichen Föhnsturm kamen hier 200 000 Festmeter Holz im Tal der Valepp zu Fall. Um nach diesen Stürmen im Januar und Frühjahr 1919 das Holz aus dem Wald abzutransportieren, wurde die Bahn von der Waitzinger-Alm bis nach Fischhausen-Neuhaus gebaut. Am Standort

11, dem Bleckstein-Durchbruch, steht am Wegrand eine Tafel, der Sie wichtige Informationen zu diesem Thema entnehmen können: Sieben Dampfloks und zwei Benzolloks zogen z. B. 170 Doppeltracks. Heute kann man sich in dieser traumhaften Landschaft dieses Szenario gar nicht mehr vorstellen.

Wegbeschreibung

Von der Taubensteinbahn-Talstation wenden wir uns dem Spitzingsee zu. Wir gehen rechter Hand auf den Spitzingsee-Rundweg und folgen nun immer seinen Wegweisern um den See, bis wir am Bootsverleih nahe der Wurzhütte vorbeikommen. Hier geht es rechter Hand mit dem Schild »Blecksteinhaus« (dem wir bis dorthin folgen) in den Roßkopfweg. Der breite Schotterweg macht eine Rechtskurve und führt dann in einem weiten Linksbogen, vorbei an einem Skilift, zur Wegkreuzung mit der Beschilderung »Albert-Link-Hütte, Haushamer Almen, Stolzenberg«. Hier gehen wir weiter geradeaus Richtung

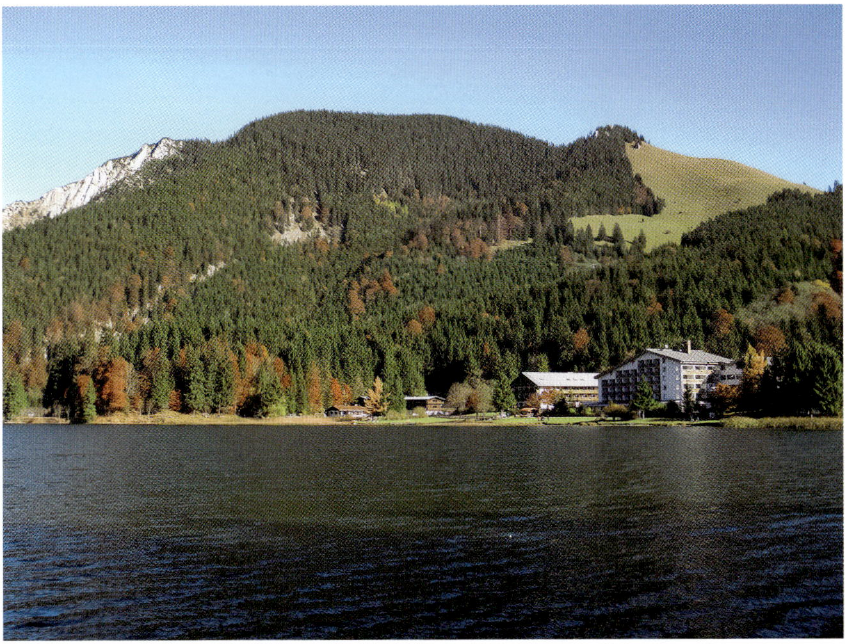

Blick über den Spitzingsee zum Jägerkamp

Blecksteinhaus. Bald wird das Almengelände verlassen, und man gelangt in den Wald, wo man in Serpentinen linker Hand und wenig später wieder rechts zum Blecksteinhaus wandert.

Der Rückweg ist zunächst mit dem Hinweg identisch. An der Wurzhütte, am Ortseingang von Spitzingsee, wendet man sich dann aber der rechten Seeseite zu (dem Ostufer) und folgt dem Uferweg etwa 10 Minuten bis zur Talstation der Taubensteinbahn.

Wegalternativen

Leicht | Ab der Taubensteinbahn-Talstation auf dem Spitzingsee-Rundweg um den See: Spazierweg ohne Höhenunterschiede, 1 Std.
Leicht | Ab der Taubensteinbahn-Talstation auf dem Spitzingsee-Rundweg und über den Spitzingsattel zur Oberen Firstalm: See-Rundweg gut angelegter Spazierweg, zur Oberen Firstalm breiter Schotterweg, teilweise steil, 290 Hm Auf- und Abstieg, 3 Std.

In der Valepp

Wenn man sich auf dem Weg nach Süden Richtung Wurzhütte zum Blecksteinhaus, dem Zielpunkt der Wanderung, wendet, befindet man sich in der sogenannten Valepp. Das Gebirgstal, das den Spitzingsee mit der Siedlung Valepp verbindet, wird vom Abfluss des Spitzingsees, der Roten Valepp, durchzogen. Etwas nördlich der Siedlung treffen Rote und Weiße Valepp aufeinander. Im Anschluss führt der vereinigte Fluss dann den Namen Valepp, bis er nach Süden fließend die österreichische Grenze erreicht. Ab dort fließt er unter dem Namen Grundache später in die Brandenberger Ache. Diese mündet wiederum in den Inn. Auf österreichischer Seite befindet sich die urige Erzherzog-Johann-Klause. Dort sollen sich Franz Josef Strauß und Helmut Kohl im Rahmen gemeinsamen Wanderns gelegentlich die Köpfe heiß diskutiert haben. Auf Höhe der Valepper Almen findet sich als weitere gute Einkehrmöglichkeit die bewirtschaftete Albert-Link-Hütte. In der Siedlung Valepp soll das alte und bekannte Forsthaus Valepp dank des neuen Investors Manuel Neuer bald wieder als urige Einkehr in neuem Glanz zur Verfügung stehen.

Auf einen Blick

GEHZEIT UND SCHWIERIGKEIT

Mittel | 2.30 Std. | 80 Hm Auf- und Abstieg | Bequemer Alm- und Wanderweg

ROLLSTUHLGEEIGNET

Ja; mit Mobilitätshilfe ab Spitzingsee-Kirche zum Blecksteinhaus, ebenerdiger Zugang, kein Behinderten-WC

AUSGANGS-/ENDPUNKT

Talstation Taubensteinbahn

ANFAHRT

Bus & Bahn: BRB München–Bayrischzell bis »Fischhausen/Neuhaus«, weiter mit Bus 9562 Richtung Spitzingsee bis Haltestelle »Taubensteinbahn«; **Auto:** A 8 München–Salzburg bis Ausfahrt Weyarn, über Miesbach und Schliersee nach Fischhausen-Neuhaus, weiter Richtung Bayrischzell, dann rechter Hand über die Spitzingstraße hinauf zur Talstation der Taubensteinbahn

EINKEHR

Blecksteinhaus, Tel. 08026/924 67 92

KARTE

AV-Karte 1:25 000, BY 15 Mangfallgebirge Mitte

INFORMATION

Tourist-Info Schliersee,
Tel. 08026/606 50, www.schliersee.de

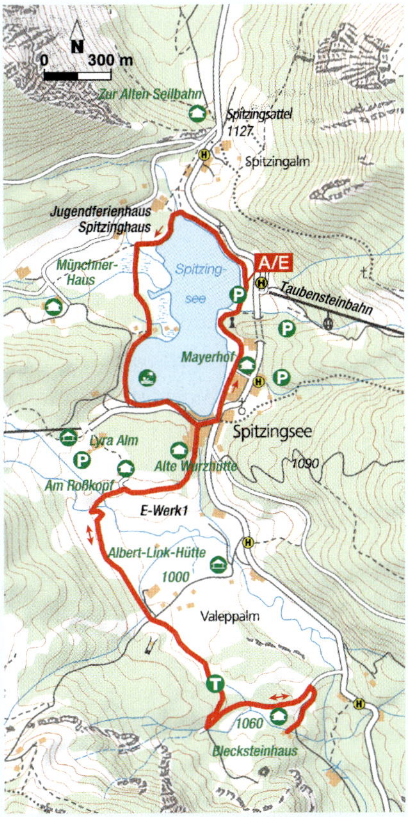

13

Vom Taubenstein zur Rotwand

PANORAMAWEG MIT ZUGSPITZBLICK

Auf der Wanderung vom Taubenstein zur Rotwand genießt man wunderbare Blicke auf die bayerische Bergwelt. Vom Schinder über Rofan und Karwendel geht der Blick bis hinüber zur Zugspitze. Und an ganz klaren Tagen grüßen von Süden her die Zillertaler Alpen herüber.

Schnell ist die Talstation der Taubensteinbahn von München aus mit Zug und Bus erreicht. Was für ein Kontrast: Gerade noch in der Großstadt, weht einem hier oben auch an warmen Sommertagen ein frisches Lüftchen entgegen. Der Höhenpanoramaweg schlängelt sich vorbei am Taubenstein über den Lämpersberg hinüber zur Rotwand. Dabei öffnet sich mehr und mehr der Blick auf die umliegenden Berge. Neben den eingangs erwähnten Bergen grüßen ganz im Westen, quasi hinter dem Spitzingsee, Bodenschneid, Brecherspitz, Wallberg und Setzberg herüber. Weiter links stehen die Felsnadel des Blankensteins sowie gleich daneben sein großer Bruder, der Risserkogel. In vorderster Front südlich der Stümpflingbahn sehen wir Roßkopf, Rotkopf und Stolzenberg.

Vom Rotwandhaus aus sollte man zuerst den gleichnamigen Gipfel besteigen, bevor nach der Einkehr Geist und Glieder müde sind. Dann hat man nur noch einen relativ sanften Abstieg vor sich, hinüber zur Taubensteinbahn. Wer ganz absteigen will, kann auch direkt zum Spitzingsee hinunterwandern (s. dazu bei Wegalternativen). Hier sind zwar einige Höhenmeter zu bewältigen, Wurzeln oder Steine gibt es aber keine, und das ist ja das Wichtigste.

Wegbeschreibung

Von der Bergstation der Taubensteinbahn wenden wir uns in südliche Richtung, immer den Wegweisern »Rotwand« folgend, weshalb diese in der Folge nicht mehr erwähnt werden. Mit einigen Stufen geht es unterhalb des Taubensteins vorbei. Dann nimmt man den Aufschwung, bevor man fast eben unter dem Kamm des Lämpersbergs nach Süden wandert. Nach einem neuerlichen kurzen Anstieg geht man am Sattel nun linker Hand, östlich, in Richtung Rotwand. Unter dem Gipfel sind einige Stufen und zuletzt noch ein Felsabsatz zu bewältigen. Wem das zu heikel ist, der kann, wie alle Gipfelstürmer dann später auch, gleich zum Rotwandhaus weiterlaufen. Nach der Einkehr wendet man sich dem Wegweiser »Taubensteinbahn« zu und wandert auf dem bereits bekannten Hinweg wieder zurück.

Hinweis: Achten Sie bitte vor Beginn der Tour an der Bergstation auf die letzte Talfahrt.

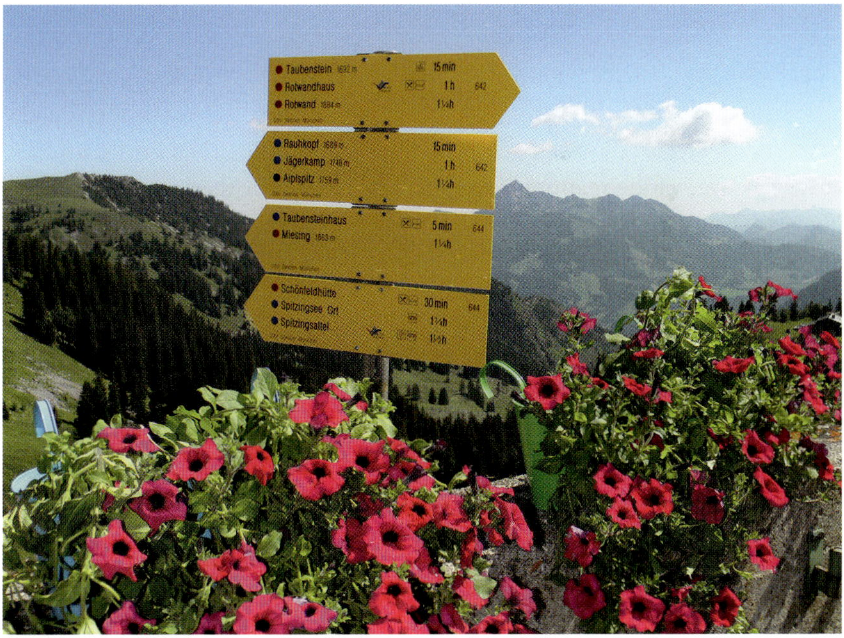

Besondere Farbtupfer: Blumen und Wegweiser

Die Seilbahn am Spitzingsee

Die Taubensteinbahn am östlichen Ufer des Spitzingsees wurde 1971 von der Firma Pohlig erbaut. Bis heute fährt die Einseilumlaufbahn gleichermaßen beschaulich und romantisch mit ihren grünen Vierergondeln zur Bergstation auf dem Taubenstein, dessen 1692 Meter hoher Gipfel von hier aus in etwa 20 Minuten zu erreichen ist. Seit 2015 wird die Bahn nur noch im Sommer und Herbst zur Wandersaison betrieben, da der Betrieb des Skigebietes am Taubenstein eingestellt wurde. Ganze 19 Stützen werden auf der Fahrt überwunden, dabei geht es an der Schönfeldhütte vorbei. Oben an der Bergstation hat man einen schönen Blick nach Osten zu Miesing und Wendelstein sowie nach Westen zur Bodenschneid und zur Brecherspitz. Im Norden erheben sich ganz nah Rauhkopf, Jägerkamp und Aiplspitz. Heute ist der Betreiber der Bahn die Alpenbahnen Spitzingsee GmbH, die ebenso auf der anderen Seite des Spitzingsees die Stümpflingbahn und die Suttenbahn unterhält, mit Skibetrieb im Winter und einer Mountaincartbahn im Sommer. Damit sind für das ganze Jahr sportliche Aktivitäten in dieser Bergregion garantiert.

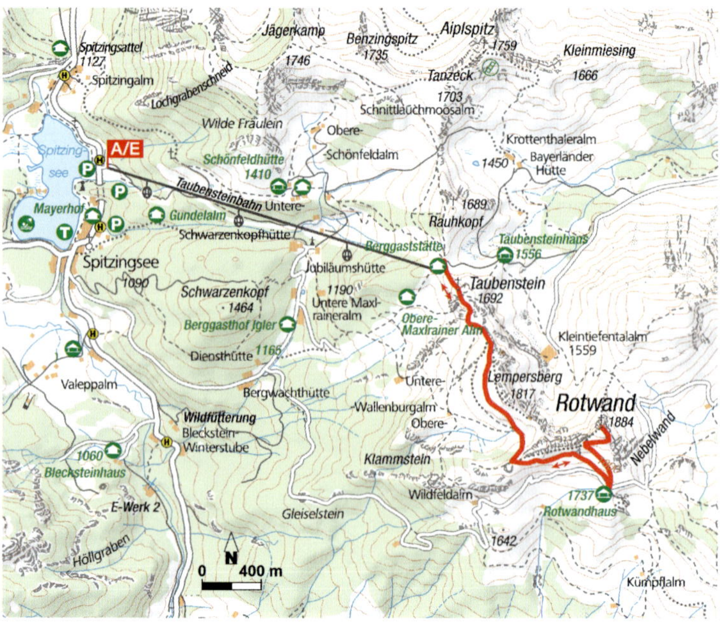

Auf einen Blick

GEHZEIT UND SCHWIERIGKEIT

Mittel | 2.30 Std. | 280 Hm Auf- und Abstieg | Bequemer Wanderweg mit Stufen, um den Taubenstein herum auch steinig

ROLLSTUHLGEEIGNET

Nein

AUSGANGS-/ENDPUNKT

Talstation Taubensteinbahn

ANFAHRT

Bus & Bahn: BRB München–Bayrischzell bis »Fischhausen/Neuhaus«, weiter mit Bus 9562 Richtung Spitzingsee bis Haltestelle »Taubensteinbahn«; **Auto:** A 8 München–Salzburg bis Ausfahrt Weyarn, über Miesbach und Schliersee nach Fischhausen-Neuhaus, weiter Richtung Bayrischzell, dann rechter Hand über die Spitzingstraße hinauf zur Talstation der Taubensteinbahn

EINKEHR

Bergrestaurant Taubensteinbahn, Tel. 08026/92 22 753; Rotwandhaus, Tel. 08026/76 83

KARTE

AV-Karte 1:25 000, Nr. 7/1 Tegernsee/ Schliersee

INFORMATION

Tourist-Info Schliersee, Tel. 08026/606 50, www.schliersee.de; Stümpflingbahn, Tel. 08026/929 22 30, www.alpenbahnen-spitzingsee.de

WEGALTERNATIVEN

Leicht | Ab der Bergstation auf dem Normalweg zur Rotwand und zum Rotwandhaus, hinab zum Spitzingsee und am östlichen Seeufer zur Talstation der Taubensteinbahn: bequeme Wanderwege mit Stufen, um den Taubenstein auch steinig, bequemer Almweg im Abstieg, 280 Hm Auf- und 840 Hm Abstieg, 3 Std.

Leicht | Ab der Bergstation kurzer Abstecher hinunter zum Taubensteinhaus: gepflegter Wanderweg, 50 Hm Auf- und Abstieg, 30 Min.

14

Von Hundham nach Geitau

AUF DEM LEITZACHTAL-PANORAMAWEG

Immer der Sonne entgegen und zurück mit der Bahn: Über dem Leitzachtal führt der Panoramaweg von Hundham über Elbach und Birkenstein weiter nach Geitau. Diese Tour glänzt mit landschaftlichen Reizen.

Um es gleich vorwegzunehmen: Für Autofahrer ist diese Tour nicht geeignet (mit Ausnahme der Alternativtour 1), denn Ausgangs- und Endpunkt sind unterschiedlich. Bahn- und Busfahrer wandern von Hundham aus auf dem Leitzachtal-Panoramaweg nach Geitau. Dabei rücken die Berge immer näher und liefern ein traumhaftes Ambiente. Der Breitenstein steht imposant linker Hand über dem weiten sonnendurchfluteten Leitzachtal. Im Süden kann man von links nach rechts Miesing, Aiplspitz, Jägerkamp und Brecherspitz bewundern. Schön, wenn gerade unten im Tal in Elbach die Glocken läuten und das Landschaftsbild damit romantisch untermalen.

Über weite Wiesen und auf bequemen Wegen wandern wir hinauf zur Schwaigeralm. Von deren Terrasse hat man einen traumhaften Ausblick über Fischbachau hinüber zur Brecherspitz. Zum Kaffee ist man hier genauso gut aufgehoben wie zum Mittagessen.

Dann geht es auf dem Höhenweg hinüber nach Birkenstein zur gleichnamigen Wallfahrtskirche, der man natürlich einen Besuch abstattet. Der charismatische Ort beeindruckt durch die malerische Kapelle und die Allee alter Birken. In Birkenstein lohnt sich auch ein Abstecher ins urige Café Seidl

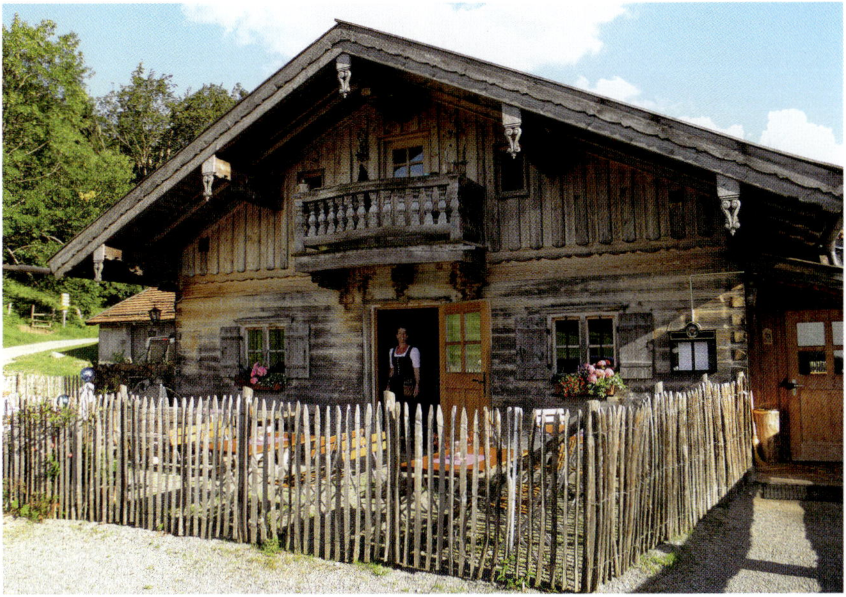

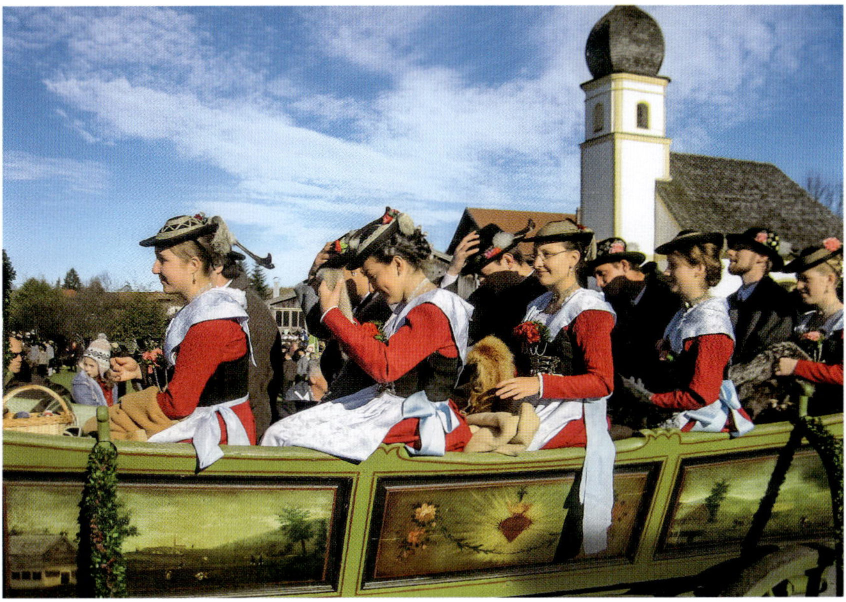

▲ Eine schöne Einkehr über dem Leitzachtal bietet die Schwaigeralm.
▼ Auf der Leonhardi-Wallfahrt in Hundham

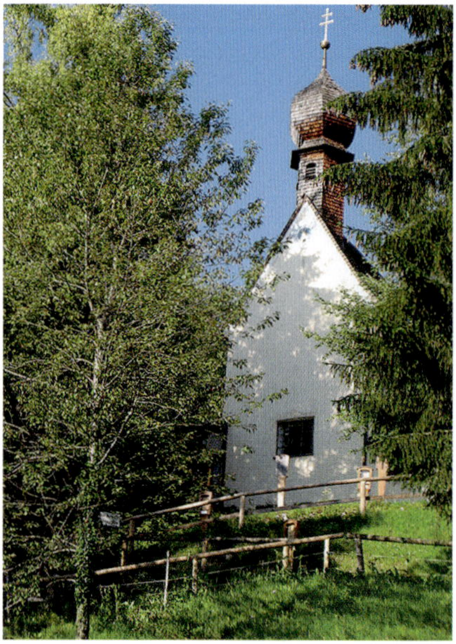

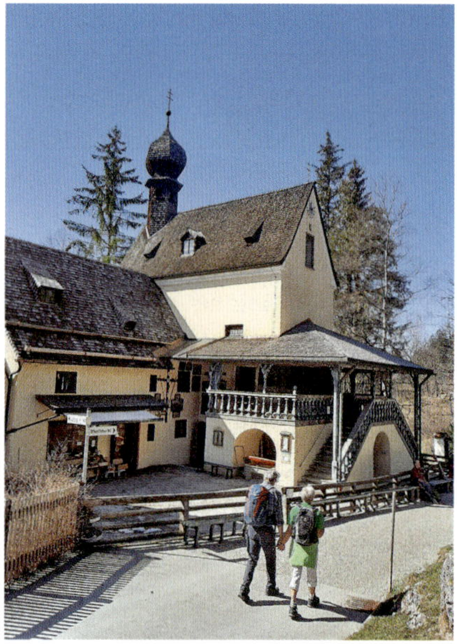

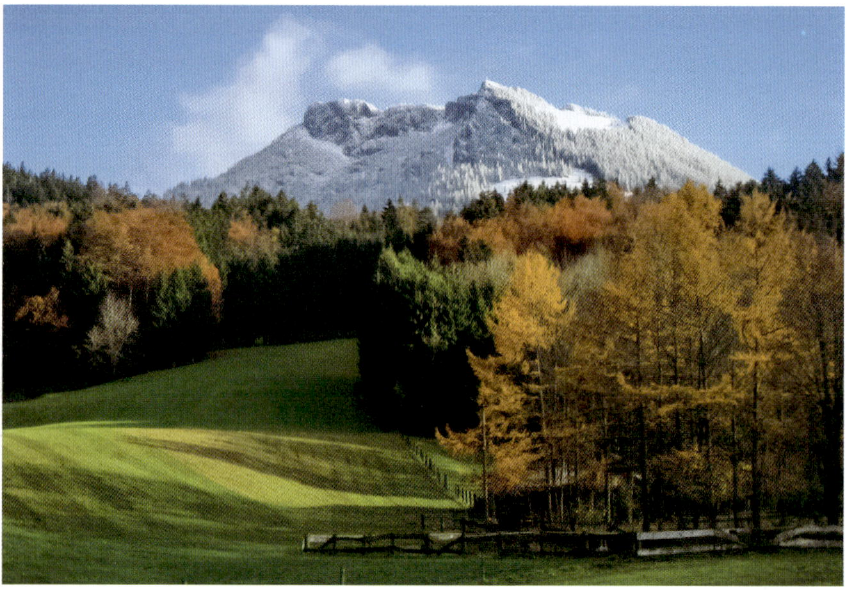

◀ Charismatischer Wallfahrtsort Birkenstein
▶ An der Wallfahrtskirche Birkenstein
▼ Spätherbst und Frühwinter

für alle, die am Nachmittag dort einkehren wollen. Man kann hier auch noch hinunter nach Fischbachau gehen, um dort das Martinsmünster zu besichtigen. Es wurde 1492 nach einem Brand neu erbaut als die besterhaltene romanische Basilika in Südbayern. Auch die angrenzende Friedhofskirche Mariä Schutz ist interessant. Vom Maibaum neben der Kirche kann man bei der Haltestelle auch mit dem Bus nach Fischbachau-Hammer oder nach Miesbach zum Bahnhof fahren. Für alle, die ab Birkenstein weiterwandern, ist es auch nicht mehr weit bis nach Geitau. Dabei rücken nun der Seeberg und der Wendelstein bei Bayrischzell ins Visier. Von Geitau geht es dann mit der BRB zurück nach München. Ein traumhafter Wandertag geht so zu Ende.

Wegbeschreibung

Vom Alten Wirt in Hundham aus folgt man der Schwarzenbergstraße in südlicher Richtung. Wir orientieren uns an dem Wegweiser »Schwaigeralm« bis dorthin, weshalb dieser in der Folge nicht mehr erwähnt ist. An der nächsten Straßengabelung wendet man sich linker Hand bergauf. An der darauffolgenden Weggabelung bei einem Bauernhof geht es rechter Hand weiter. Auf einer Nebenstraße wandert man vorbei am Gasthof Kirchstiegl, dann biegt man linker Hand in den Kirchstieglweg, der sich zu einem Wanderweg verengt. An der nächsten Weggabelung geht es dann rechter Hand auf einem schmalen Wanderpfad vorbei an Wiesen und durch einen kleinen Wald, bis man auf eine Straße gelangt. Diese überquert man geradeaus und folgt dem Wanderweg, der wenig später in einen breiten Schotterweg mündet. Diesem folgt man nach links und gelangt über eine Bachbrücke nach Elbach mit einigen Bauernhöfen. An einer Straßenkreuzung wandert man geradeaus weiter bis zum Bucherhof. Dort wendet man sich einem Pfad zu, der über eine schöne Bergwiese zum nächsten Bauernhof führt. Hier folgt man dem geschotterten Fahrweg bergauf bis zur Schwaigeralm.

Nun orientieren wir uns am Wegweiser »Birkenstein« auf einem Höhenweg bis eben dorthin, wo es auf einem geteerten Weg weiter zum Oberwirt geht. Dort folgt man dann links dem Wegweiser »Geitau«, zunächst auf einer geteerten Straße, dann auf Schotterwegen bis dorthin. Dabei geht es über weite Bergwiesen und durch den Wald, zunächst eben, dann bergab, bis eine Allee zum Bahnhof nach Geitau führt.

Wegalternativen

Leicht | Von Hundham auf den Schwarzenberg und wieder zurück (auch für die Anreise mit dem Auto geeignet): bis kurz vor dem Gasthof Kirchstiegl auf der Normalroute, dann auf einem geteerten Weg steil bergauf, vor dem Gipfel gut angelegter Wanderweg, 400 Hm Auf- und Abstieg, 2.30 Std.
Leicht | Von Hundham über Achau und Oberachau zum Leitzach-Uferweg, an der Leitzach entlang bis Trach, ab dort auf der anderen Uferseite nach Fischbachau-Hammer und weiter bis zum Bahnhof (nur bei Bahnanreise geeignet): Nebenstraßen, breite Schotter- sowie Spazierwege entlang der Leitzach, 50 Hm Abstieg, 3 Std. Ggf. Umleitung ab Trach wegen Brückenerneuerung, Stand 11-2019

Leonhardifahrt Hundham

Meistens haben die Veranstalter des Leonhardirittes in Hundham Glück und ein föhniger Herbsttag, geschmückt mit buntem Herbstlaub, bietet die passende Umrahmung für dieses traditionsreiche Ereignis. Die Leonhardifahrt Hundham stellt den Höhepunkt des Jahres unter den Brauchtümern der Gemeinde Fischbachau dar. Prachtvoll geschmückte Wägen werden von eindrucksvoll gestriegelten Kaltblütern gezogen. Die Frauen und Männer wiederum tragen ihre festlichen Trachten. So herausgeputzt geht es dann mit den Gespannen zur Prozession an die Leonhardi-Kapelle zu Hundham. Dort wird eine heilige Messe gelesen und die Pferde erhalten anschließend einen Segen, bevor sich der lange Zug in einer großen Runde noch einmal um den Ort Hundham bewegt. Passend dazu präsentieren sich die Erhebungen der Wendelsteingruppe und Schlierseer Berge im Süden mit dem Breitenstein, Aiplspitz, Jägerkamp und Brecherspitz im herbstlich bunten Gewand. Eine eindrucksvolle Kulisse für Fotomotive im schönen, weiten und sonnendurchfluteten Leitzachtal.Die Leonhardi-Wallfahrt mit ihren Pferdefuhrwerken ist ein ganz besonderes Ereignis. Sie findet an einem Samstag Anfang November in Fischbachau statt, Infos unter www.fischbachau.de.

Auf einen Blick

GEHZEIT UND SCHWIERIGKEIT

Mittel | 3 Std. | 200 Hm Aufstieg, 210 Hm Abstieg | Bequeme Wander- und Forstwege

ROLLSTUHLGEEIGNET

Nein

AUSGANGSPUNKT

Hundham, Bushaltestelle »Alter Wirt«

ENDPUNKT

Bahnhof Geitau

ANFAHRT

Bus & Bahn: BRB München–Miesbach, weiter mit Bus 9552 der Leitzachtal-Ringlinie nach Hundham; Rückfahrt mit der Bahn ab Geitau Richtung München; **Auto:** Nicht geeignet

EINKEHR

Schwaigeralm, Tel. 08028/902 64 67; Café Seidl, Tel. 08028/896

KARTE

AV-Karte 1:25 000, BY 15 Mangfallgebirge Mitte

INFORMATION

Tourist-Info Fischbachau, Tel. 08028/876, www.fischbachau.de

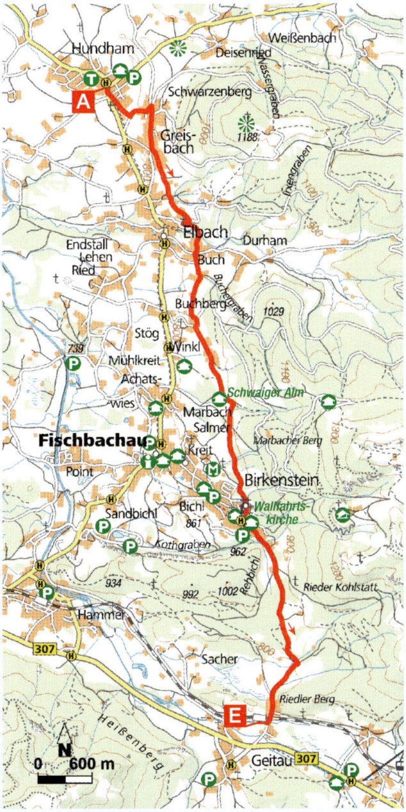

15

Am Wendelstein

GIPFEL- UND PANORAMAWEG,
HÖHLE UND KIRCHE

Der Wendelstein hat viel zu bieten: Panorama- und Gipfelwege (im Folgenden beschrieben mit geologischen Informationen), die Wendelsteinhöhle, die Kirche und der »gache Blick« warten auf Ihren Besuch.

Der Wendelstein hat einige Highlights zu bieten. Der Panorama- und Gipfelrundweg (mit Besichtigung der geologischen Informationen 1.30 Std.) zeigt eine Gipfelparade par excellence. So geht der Blick nach Norden in das Alpenvorland, manchmal kann man auch größere Bauten in München erkennen. Nach Süden hin erstreckt sich das Panorama von links nach rechts über Chiemgauer Alpen, Kaisergebirge, Mangfallgebirge und Rofan bis hinüber zu Karwendel und Wetterstein. Dahinter ragen die Gletscherriesen der Hohen Tauern, der Zillertaler und der Stubaier Alpen auf. Nehmen Sie sich Zeit für dieses 360°-Panorama!

Der Gipfelweg ist mit Stufen und Geländern gut gesichert. Der folgende Panoramaweg erfordert aber Trittsicherheit und Schwindelfreiheit, wenngleich auch dieser Weg gut angelegt ist. Wenn Sie diese Voraussetzungen nicht erfüllen, sollten Sie auf dem Gipfelweg über die Stufen wieder zum Wendelsteinhaus absteigen. Am Ende des Panoramawegs steht noch ein Besuch der Wendelsteinhöhle auf dem Programm (s. hierzu auch Tipp). Dann geht es hinauf zur Wendelsteinkirche und zum »gachen Blick« mit nochmals aussichtsreichen Momenten. Die Aussicht können Sie auch bei der Einkehr im Wendelsteinhaus von der Terrasse aus genießen, bevor Sie mit der Großkabinenbahn nach Osterhofen hinunter ins Tal schweben. Ein ganz besonderes Erlebnis ist die Fahrt mit der Seilbahn, wenn man an Herbsttagen aus der Sonne am Berg in das Nebelmeer im Tal eintaucht.

Wegbeschreibung

Bahnfahrer wenden sich am Ende des Bahnsteigs in Osterhofen (aus Fahrtrichtung München kommend) dem Fußweg neben der Bahnlinie und dem Wegweiser »Wendelsteinbahn« zu, die uns auch in der Folge begleiten. So unterquert man die Bahnlinie neben dem Bach, dann ist es auch nicht mehr weit bis zur Talstation der Wendelsteinbahn, dem Ausgangspunkt für alle mit dem Auto Anreisenden.

Nach der Auffahrt mit der Bergbahn wendet man sich von der Aussichtsterrasse des Wendelsteinhauses dem ausgeschilderten Gipfel- und Panoramaweg zu. Gut befestigt führt der Weg auf den Gipfel. Nicht Trittsichere und Schwindelfreie kehren hier wieder um und steigen zum Wendelsteinhaus hinab. Alle anderen folgen weiter dem Panoramarundweg um die Nordseite des Gipfels herum. Dieser zweigt unterhalb des Wendelsteingipfels ab und führt über einen Rastplatz am sogenannten Ostgipfel vorbei hinunter zur Wendelsteinhöhle, die besichtigt werden kann. Dann geht man wieder hinauf zur Aussichtsterrasse am Wendelsteinhaus und beendet so die aussichtsreiche Panoramarunde.

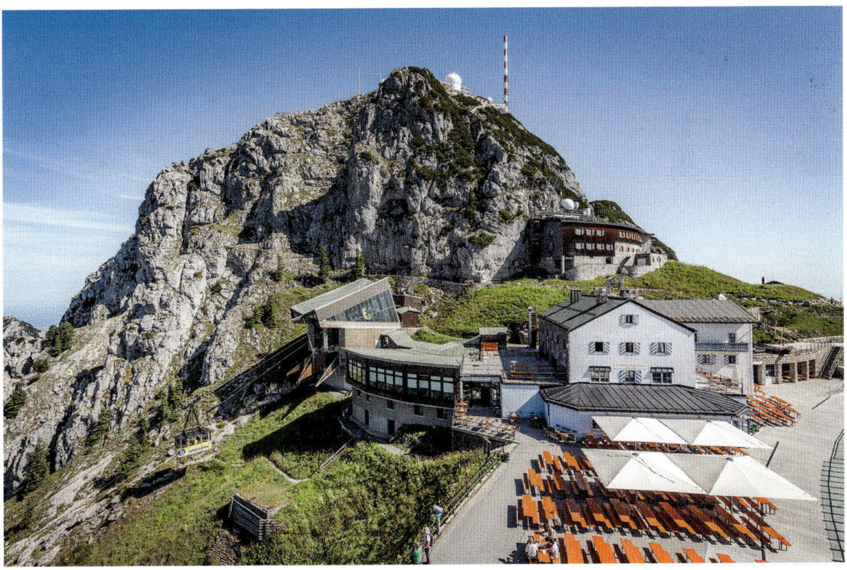

Die Bergstation der Wendelsteinbahn mit neuer Aussichtsterrasse und Gipfel

Wegalternativen

Mittel | Ab der Bergstation über Siglalm, Hochkreut und Aussichtspunkt Nogg zur Talstation der Wendelsteinbahn bei Osterhofen bzw. zum Bahnhof: bis auf Höhe der Siglalm teils steigähnliche Wanderwege, weiter zum Siglhof auf Wanderwegen, dann über Bergwiesen Richtung Bayrischzell und auf einem Wanderpfad über Nogg zur Talstation bzw. zum Bahnhof Osterhofen: 950 Hm Abstieg, 3 Std.

Mittel | Ab der Bergstation über die Spitzingalmen nach Geitau (Bahnfahrer können hier zurück Richtung München fahren, Autofahrer nehmen den Zug in die Gegenrichtung nach Osterhofen; alternativ auch zu Fuß über Dorf, dann 45 Min. zusätzlich): bis auf Höhe der Spitzingalmen typische Wanderwege, dann breite Schotterwege, zuletzt Nebenstraße bis Geitau-Bahnhof: 970 Hm Abstieg, 3 Std.

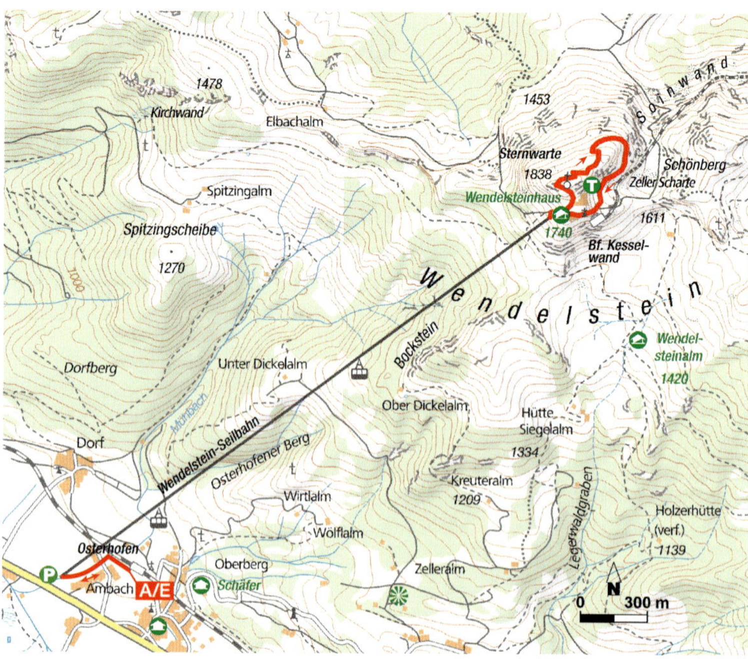

Auf einen Blick

GEHZEIT UND SCHWIERIGKEIT

Leicht | 1.30 Std. | 150 Hm Auf- und Abstieg | Gut angelegte Wege mit Geländern auf dem Gipfelweg. Im weiteren Verlauf auf dem Panoramaweg Trittsicherheit und punktuell Schwindelfreiheit erforderlich

ROLLSTUHLGEEIGNET

Barrierefreiheit mit Großkabinenbahn und Zahnradbahn gegeben, mit Befahrung der Aussichtsterrasse; Behinderten-WC an der Tal- und Bergstation der Zahnradbahn, Mobilitätshilfe zu empfehlen

AUSGANGS-/ENDPUNKT

Talstation Wendelsteinbahn (Großkabinenbahn) mit Parkplatz bzw. Bahnhof Osterhofen

ANFAHRT

Bus & Bahn: BRB München–Bayrischzell bis Osterhofen;
Auto: A 8 München–Salzburg bis Weyarn, über Miesbach und Schliersee Richtung Bayrischzell bis zur Talstation der Wendelsteinbahn (Großkabinenbahn) mit Parkplatz zwischen Geitau und Osterhofen

EINKEHR

Wendelsteinhaus, Tel. 08023/404

KARTE

AV-Karte 1:25 000, BY 16 Mangfallgebirge Ost

INFORMATION

Tourist-Info Bayrischzell,
Tel. 08023/648, www.bayrischzell.de;
Wendelsteinbahn (Großkabinenbahn),
Tel. 08034/30 80,
www.wendelsteinbahn.de

TIPP

Die Wendelsteinhöhle bietet abenteuerliche Einblicke in den Berg. Sie ist über einen Zugangsstollen mit 82 Stufen bergab erreichbar. Interaktive Infostationen begleiten Sie durch das Innere des Berges bis zum imposanten Höhlendom. Die sogenannte Kältefalle – hier gibt es auch im Sommer noch Schnee – liegt auf der anderen Seite der Höhle. Wegen der Durchschnittstemperatur von ca. 3 °C sollten Sie auch im Sommer nur mit warmer Kleidung in die Höhle absteigen.

16

Auf das Hocheck

ZUM GLETSCHERBLICK ÜBER OBERAUDORF

Gletscherblick über dem Inntal – gibt es das? Aber ja! Eine gemütliche Wanderrunde eröffnet vom Hocheckgipfel an klaren Tagen den Ausblick bis zum Großvenediger, und das nach einer schönen Auffahrt mit der Hocheckbahn.

Die beschauliche Wanderrunde hoch über Oberaudorf eröffnet Ihnen ungeahnte Ausblicke. Vom Gletscherblick können Sie mit einem Viscope-Fernrohr gestochen scharf die Eispyramide des Großvenediger zwischen der Hohen Salve und dem Großen Rettenstein erkennen. Weiter links grüßen der Zahme und der Wilde Kaiser mit seinen imposanten Felsnadeln herüber. Es folgt die Gipfelparade der Chiemgauer Alpen – die bekanntesten Gipfel, die wir von hier oben erkennen können, sind Geigelstein, Spitzstein und Kranzhorn. Was für eine Aussicht! Da kann man es sich schon mal auf einer der Rastbänke nahe dem Gipfelkreuz gemütlich machen und dieses Panorama genießen. Oder es vom Gastgarten des Berggasthofs Hocheck aus genießen, quasi als kulinarischen Abschluss des Tages. Dann schwebt man in den bequemen Sesseln auch schon wieder hinunter ins Tal und scheint dabei über den Dächern von Oberaudorf dahinzufliegen. Dabei geht der Blick über den schönen Ortskern hinüber zur markanten Pfarrkirche »Zu unserer lieben Frau«. Ein wirklich schöner, aussichtsreicher Abschluss für diesen Wandertag, bevor Sie wieder die Heimreise antreten.

Hinweis: Der Wiesenpfad im Gipfelbereich erfordert etwas Trittsicherheit, ist aber wegen seiner schönen Aussicht und der relativ kurzen Wegstrecke bei Senioren sehr beliebt.

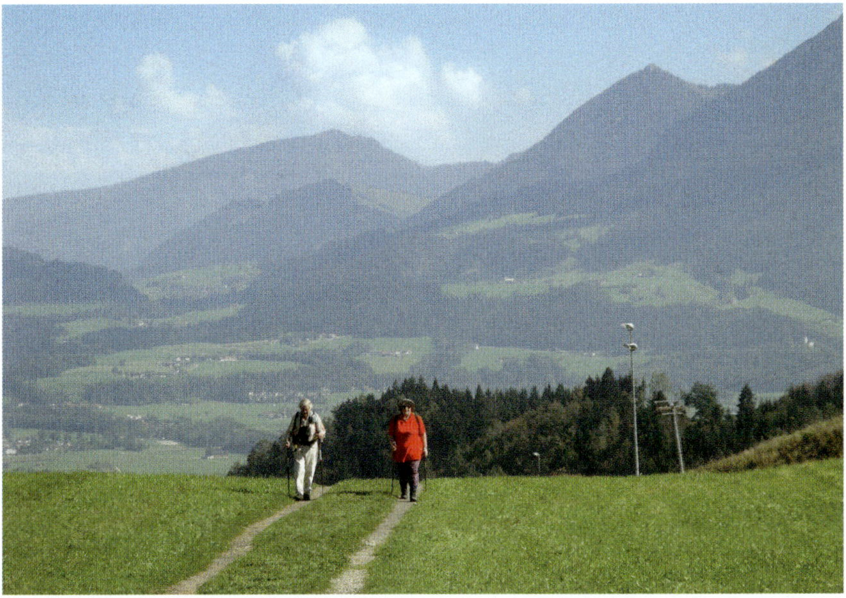

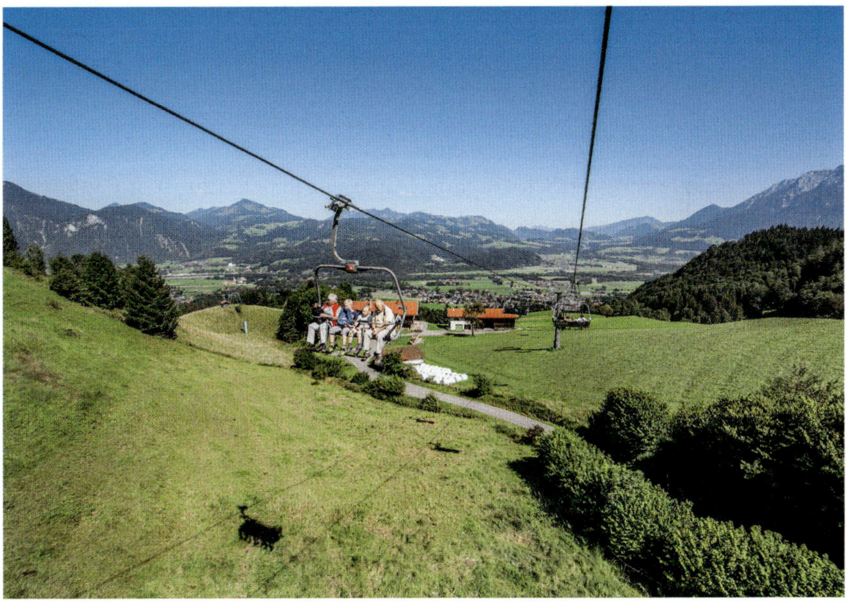

▲ Bequeme Wege hat man rund um das Hocheck.
▼ Ein gemütlicher Plausch und schon ist man mit dem Sessellift auf dem Hocheck angelangt.

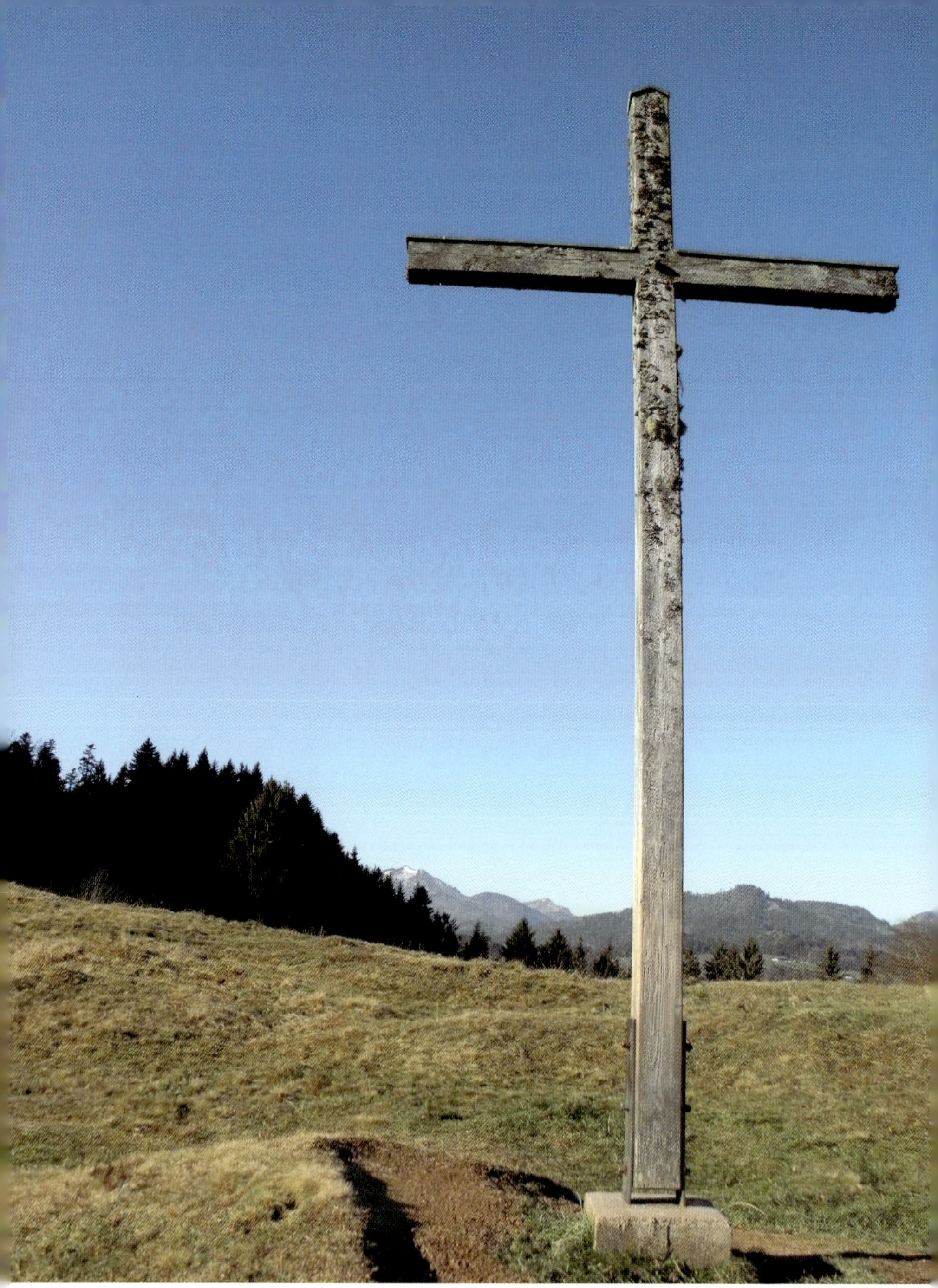

Blick vom Gipfelkreuz des Gletscherblicks bei Oberaudorf nach Westen

Wegbeschreibung

Vom Bahnhof aus folgt man der Bahnhofstraße geradeaus nur wenige Meter und zweigt dann linker Hand in die Bahnhofsallee ab, der man bis zum Ende an der Geigelsteinstraße folgt. An ihr orientiert man sich rechter Hand zur Rosenheimer Straße, deren Linkskurve man in die Ortsmitte von Oberaudorf folgt. Hier orientiert man sich am Wegweiser »Hocheckbahn-Talstation« und folgt ihm bis dorthin, dem Ausgangspunkt für alle mit dem Auto Anreisenden.

Nach der Auffahrt mit der Hocheckbahn geht man von der Bergstation hinüber zum Berggasthof Hocheck. Kurz davor zweigt linker Hand ein breiter, leicht ansteigender Schotterweg ab (Schild »Gletscherblick 45 Minuten«), dem man folgt. Später leitet uns rechter Hand das Schild »Gletscherblick 30 Minuten« weiter. Es wird ein Drehkreuz passiert, dann folgt man der Linkskurve des Wegs und ignoriert den rechten Abzweig. Später schwenkt der Weg, nun als Wiesenpfad, rechter Hand über den Bergrücken nach Osten. Nahe dem Gipfelkreuz ist der Aussichtspunkt mit dem markanten roten Fernrohr erreicht.

Nachdem man das Panorama genossen hat, geht man am besten einige Meter zurück und folgt dann auf Höhe des Gipfelkreuzes rechter Hand dem Schild »Leichter Abstieg, Berggasthof Hocheck«. Man wandert auf dem vom Hinweg bekannten Weg zurück zur Bergstation der Hocheckbahn.

Wegalternativen

Mittel | Ab der Bergstation zur Ramsauer Alm (nicht mehr bewirtschaftet), dann bergab Richtung Rechenau und über Mühlau, Wallerhof (Einkehr) und Ramsau zurück zur Hocheckbahn-Bergstation: Wanderwege, teilweise steigähnlich, breite Schotterwege und Nebenstraßen, 480 Hm Auf- und Abstieg, 3 Std.
Mittel | Ab der Bergstation rund um den Schwarzenberg über Wildgrub, Rechenau, Mühlau, Wallerhof (Einkehr) und Ramsau zurück zur Hocheckbahn-Bergstation: Wanderwege, breite Schotterwege und Nebenstraßen, 290 Hm Auf- und Abstieg, 3 Std.
Mittel | Ab der Bergstation der Hocheckbahn über Zimmerau, Wechselberg und Lechen bergab zur Hocheckbahn-Talstation: Wanderwege, kurzzeitig auch steigähnlich, breite Schotterwege und Nebenstraßen, 50 Hm Auf- und 380 Hm Abstieg, 1.30 Std.

Die Auerburg

Die etwas schwer einzusehende Felsenburg Auerburg liegt südlich über dem Ort Oberaudorf auf etwa 543 Metern Höhe. Ab dem 12. Jahrhundert befand sich hier unter mehreren Besitzerwechseln eine Burganlage. Aufgrund ihrer günstigen Lage zu den Burgen Kirnstein, Thierberg und Kufstein im Inntal war die Auerburg strategisch von hoher Bedeutung und wurde immer wieder verstärkt.

Es wird vermutet, dass bei der westlich gelegenen Luegsteinhöhle in der Luegsteinwand eine Höhlenburg als eine Art Voranlage der Auerburg stand. Wer die Höhlenburg Luegstein in einer ansprechenden aussichtsreichen Runde besichtigen möchte, erreicht sie am besten über die St 2089 nach Kiefersfelden-Kufstein.

Über den beschilderten Abzweig gelangt man zur kleinen Ponorhöhle, deren Schachteingang besichtigt werden kann. Von hier kann man aufsteigen, um dann über den Schloßberg wieder in die Ortsmitte von Oberaudorf abzusteigen. Vom Burgplateau aus hat man einen besonders schönen Blick nach Süden über das Inntal nach Kiefersfelden und zum Kaisergebirge, den man von einigen schönen Aussichtsbänken aus genießen kann. Dazu bieten die alten Bäume einen wunderbaren Kontrast zu den Mauerresten der Burg.

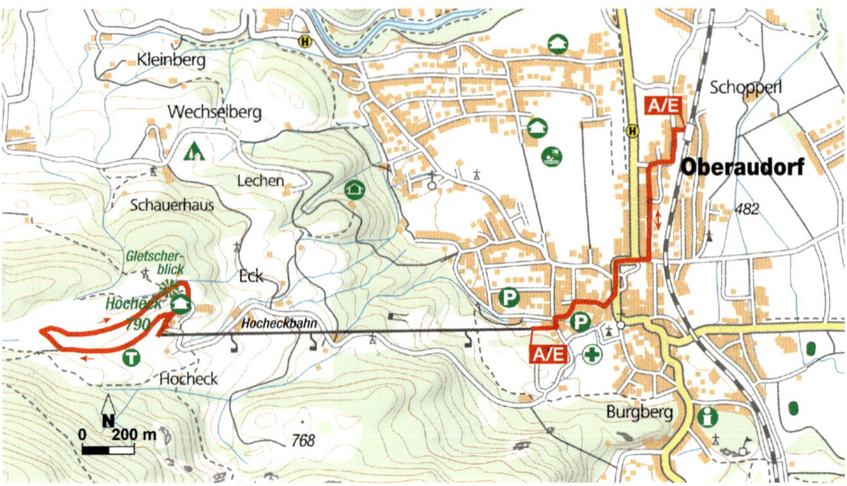

Auf einen Blick

GEHZEIT UND SCHWIERIGKEIT

Leicht | 1 Std. | 60 Hm Auf- und Abstieg | Bequemer Almenweg und Wiesenpfad

ROLLSTUHLGEEIGNET

Mit Mobilitätshilfe für Transfer in den Sessellift Auffahrt möglich, Zugangsmöglichkeit bei der Hocheckbahn erfragen (Rollstuhl muss zusammenklappbar sein); der Gasthof Hocheck hat ein Behinderten-WC und ist ebenerdig erreichbar.

AUSGANGS-/ENDPUNKT

Talstation Hocheckbahn (Parkplatz) bzw. Bahnhof Oberaudorf

ANFAHRT

Bus & Bahn: Bahn München–Kufstein bis Bahnhof Oberaudorf;
Auto: A8 München–Salzburg bis zum Inntaldreieck, dann A93 Inntalautobahn bis Ausfahrt Oberaudorf und in Oberaudorf den Wegweisern zur Talstation der Hocheckbahn folgen

EINKEHR

Berggasthof Hocheck, Tel. 08033/1495

KARTE

AV-Karte 1:25000, BY16 Mangfallgebirge Ost (Abschnitt Bahnhof Oberaudorf bis Ortsmitte nicht enthalten)

INFORMATION

Tourist-Info Oberaudorf,
Tel. 08033/30120, www.oberaudorf.de;
Hocheckbahn, Tel. 08033/30350,
www.hocheck.com

TIPP

Wenn Sie Enkel oder Enkelin dabeihaben, können Sie Teile des Spiel- und Sagenweges mit einbeziehen (www.hocheck.com). Ein Drehspiel und ein Zwergenhaus warten zudem darauf, erobert zu werden. Weitere Attraktionen sind die Sommerrodelbahn (ab 8 Jahren allein, bis 7 Jahre im Zweisitzer) und der Oberaudorfer Flieger, eine Flying-Fox-Fluganlage (ab 8 Jahre und mindestens 1,30 m bzw. 30–125 kg) und die neue Freefalltrockenrutsche (ab 6 Jahre und mindestens 1,30 m) mit Kreisel. An der Bergstation gibt es zudem Wellnessliegen und Kneippbecken sowie eine Goldwaschanlage.

17

Vom Markbachjoch zur Käsealm

TAUERN-, KAISER- UND GRASBERGEBLICKE

Auf geht's zur Käsealm! Ein schön angelegter Höhenwanderweg führt vom Markbachjoch dorthin. Beim Kaiserblick mit Hoher Salve können Sie sich hier mit frischer Almbutter und Käse stärken.

Wohl einer der schönsten Panoramawege in den Nordalpen führt von der Bergstation des Markbachjochs hinüber zur Käsealm, wo man zahlreiche prämierte Käsespezialitäten verkosten und dazu von der Almterrasse das traumhafte Panorama genießen kann. Vom Wilden Kaiser geht der Blick zur Hohen Salve, und direkt vom Markbachjoch aus sieht man sogar den Großvenediger, der sich auch im Hochsommer als Eispyramide präsentiert. Daneben sind noch Loferer und Leoganger Steinberge zu bewundern, und von den nahen Kitzbüheler Grasbergen grüßen Feldalphorn, Roßkopf, Glanterer Kogel und Kitzbüheler Horn herüber, um nur einige namhafte Berge in der Vielzahl der Gipfel dieser Gebirgsgruppe zu nennen.

Übrigens: 18 Bauern schicken zur Käsealm, auch unter dem Namen Holzalm geführt, ihre 150 Kühe zur Sommerfrische auf 1440 Meter Höhe. Hier können Sie auch das modernste Stallgebäude in Tirol besichtigen.

Eine wirklich aussichtsreiche Wanderrunde auf bequemen Wegen, ohne dabei nennenswerte Höhenmeter bewältigen zu müssen – da darf am Ende oder auch zu Beginn der Tour ein kurzer Abstecher zum Markbachjoch nicht fehlen, das ebenso mit wunderbaren Aussichten lockt. Auch die Kapelle neben dem Gipfel kann man besuchen, die zusammen mit den Bergen des Wilden Kaisers im Hintergrund schöne Bildmotive liefert.

Wegbeschreibung

Nach der Auffahrt mit der Markbachjochbahn zur Bergstation wenden wir uns mit dem Wegweiser »Horler Stiege, Käsealm« nach rechts (diesem werden wir nun immer folgen). Zunächst wird dabei die Markbachjochalm passiert, dann geht man in westlicher Richtung auf dem Bergrücken weiter, bis linker Hand ein schöner Spazierweg in den Wald abzweigt, den wir nehmen. Bald ist schließlich das weite Almgelände erreicht, und auch die Käsealm (Holzalm) ist schon sichtbar und nicht mehr weit.

Der Rückweg entspricht dem Hinweg. Zu empfehlen ist noch ein kurzer Abstecher zur Horler Stiege mit der sehenswerten Holzkapelle. Dazu sind etwa zusätzlich 30 Höhenmeter im Auf und Ab sowie eine weitere halbe Stunde einzuplanen.

Wegalternativen

Leicht | Ab der Bergstation zum Markbachjoch über die Kapelle (kurzer Abstecher von der Bergbahn): bequemer Almweg, 20 Hm Auf- und Abstieg, 30 Min.
Mittel | Halsgatterlrunde – ab der Bergstation zur Halsgatterlkapelle und über die Käsealm zurück zur Bergstation: bequeme Alm- und Wanderwege, 150 Hm Auf- und Abstieg, 2.15 Std. Hinweis: Im ersten Anstieg neben der Skiabfahrt führt ein Weg mit roten Markierungspunkten und Beschilderung bergauf. Der roten Markierung folgt man auch weiter bis zur Halsgatterlkapelle.
Mittel | Roßkopfrunde – ab der Bergstation zur Halsgatterlkapelle und weiter zum Roßkopf hinauf, dann bergab zur Holzkapelle an der Horler Stiege und über die Käsealm zurück zur Bergstation: bequeme Alm- und Wanderwege, 320 Hm Auf- und Abstieg, 3.15 Std. Hinweis: zur Markierung s. vorige Alternative

Horlerstiegl-Kapelle

Der Ort ist unter den Namen Horler Stiege oder Horlerstiegl bekannt. Wer von der Käsealm noch eine gute Viertelstunde weiterläuft, erreicht die urige Holzkapelle Horlerstiegl, einen ganz besonderen Ort, der Gelegenheit zu einer Andacht oder Ruhepause bietet. Die Kapelle steht auf einem aussichtsreichen Höhenrücken am Waldrand. Zur ihr gibt es eine Geschichte: Im Jahre 1854 ließ

Johann Klinger, ein Bauer von Brenten, die schöne Kapelle aus Holz erbauen. Dort konnten sich nun die Milchbauern aus den umliegenden Almen zum Gebet versammeln. Sehr lange war vor der Holzkapelle auf einem Schild der Hinweis zu lesen, dass der Erbauer der Kapelle durch einen heranstürmenden Stier zu Tode kam. Die Holzkapelle ist mit vielen Heiligenbildern und Andenken ausgestattet. Sie ist der Gottesmutter Maria geweiht. Über der Eingangstüre ist das Schild »Horlerstiegl« angebracht, darüber hängt ein Jesus-Kreuz. Die Dachumrahmung aus Holz ist eindrucksvoll verziert.

Skulpturen am Speichersee

Kunst trifft Natur: Wer den Skulpturenpark besichtigen möchte, wandert in ca. 30 Min. zum Speichersee. Dort sind ca. 30 Objekte internationaler Künstler zu bewundern. Die Auswahl der Materialien ist abwechslungsreich: Neben Objekten aus Holz gibt es auch Werke aus Metall zu besichtigen, und bunte Skulpturen aus Acryl begeistern speziell die kleinen Besucher – vielleicht sind Sie ja mit Ihrem Enkel unterwegs.

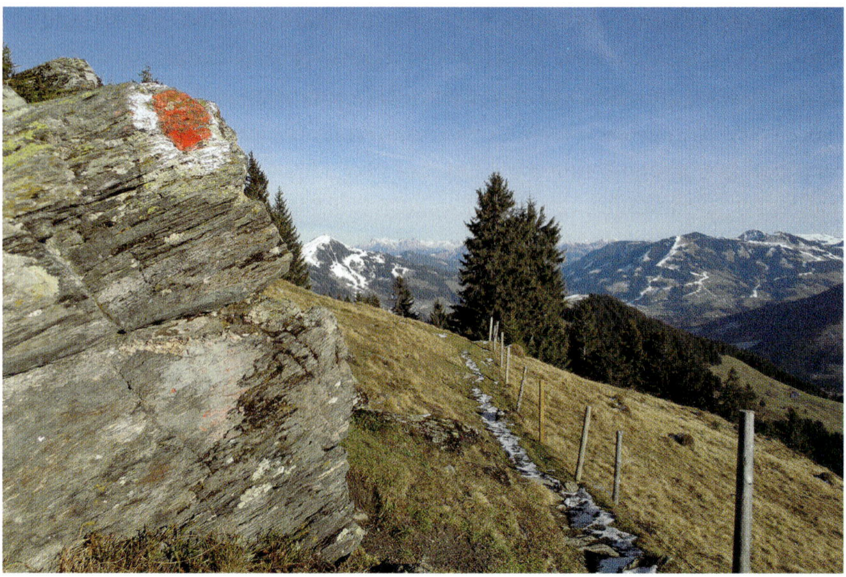

Auf dem Höhenweg vom Halsgatterl zum Markbachjoch mit Blick in die Kitzbüheler Bergwelt

Auf einen Blick

GEHZEIT UND SCHWIERIGKEIT

Mittel | 2 Std. | 60 Hm Auf- und Abstieg | Breite Alm- und Spazierwege

ROLLSTUHLGEEIGNET

Bis 60 cm Breite für Gondel geeignet, sonst zusammenklappen; mit Mobilitätshilfe ebenso für den kurzen Weg zur Markbachjochalm; kein Behinderten-WC; für Sportrollis ggf. auch bis Käsealm, dort ebenerdiger Zugang, kein Behinderten-WC

AUSGANGS-/ENDPUNKT

Talstation Markbachjochbahn in Niederau bzw. Bushaltestelle »Berglift Niederau«

ANFAHRT

Bus & Bahn: Bahn München–Wörgl, Bus 4064 bis Haltestelle »Berglift Niederau«; **Auto:** A93 Inntalautobahn bis Wörgl, weiter zur Markbachjoch-Talstation Richtung »Wildschönau«

EINKEHR

Käsealm, Tel. +43/(0)680/307 98 62 (Anmeldung zur Käseführung); Markbachjochalm, Tel. +43/(0)5339/82 55; Rübezahlhütte, Tel. +43/(0)5339/200 20, +43/(0)664/262 41 60

KARTEN

AV-Karte, Nr. 34/1 Kitzbüheler Alpen West

INFORMATION

Tourismusverband Wildschönau, www.wildschoenau.com

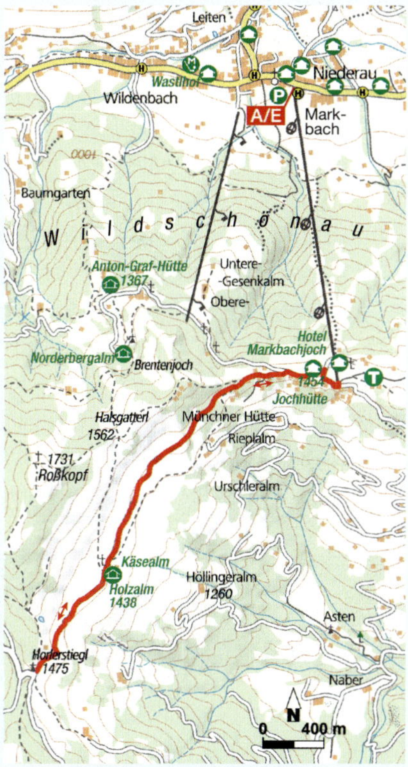

18

Vom Brandstadl zum Hartkaiser

KAISERLICHE AUSSICHTEN ÜBER SCHEFFAU

Ein wahrer Parade-Höhenweg führt von der Bergstation der Scheffauer Bergbahn hinüber zum Hartkaiser. Auf der Tour genießt man Ausblicke vom Rofan über die Hohen Tauern bis hinüber zu den Leoganger Steinbergen.

»Oma, kann ich erst in die Kaiserwelt?«, wird der Enkel sagen, wenn er oben aus der Bergbahn aussteigt. »Kein Problem«, wird die Oma erwidern. Der Filius vergnügt sich also auf Wackelbrücken, Baumpfaden und einer Seilrutsche oder geht in die Bastelstube der Kaiseralm – vorausgesetzt, er hat schon ein gewisses Alter, um sich dort selbstständig zu bewegen. So kann die Oma respektive der Opa über den Kaiserwelt-Rundweg vorbei am Brandstadlgipfel flanieren, um dann den Enkel wieder abzuholen. Über die Tanzbodenalm und den gleichnamigen Teich geht es dann wieder gemeinsam hinüber zum Hartkaiser.

Mehrere Einkehrmöglichkeiten bieten hier beste Tiroler Küche an. Der Brandstadl, die Tanzbodenalm sowie das Bergrestaurant Bergkaiser halten kulinarische Genüsse aus der Heimat für Sie bereit. Entscheiden Sie selbst, wo Sie sich hier oben verwöhnen lassen wollen! Auch die Aussicht hier oben kann sich sehen lassen: Rund um den Brandstadlgipfel mit respektablen 1612 Metern Höhe gesellen sich der Wilde Kaiser mit seiner Felsenkette und das Rofangebirge. Dann macht der Weg eine Kurve, und der Blick schweift nun

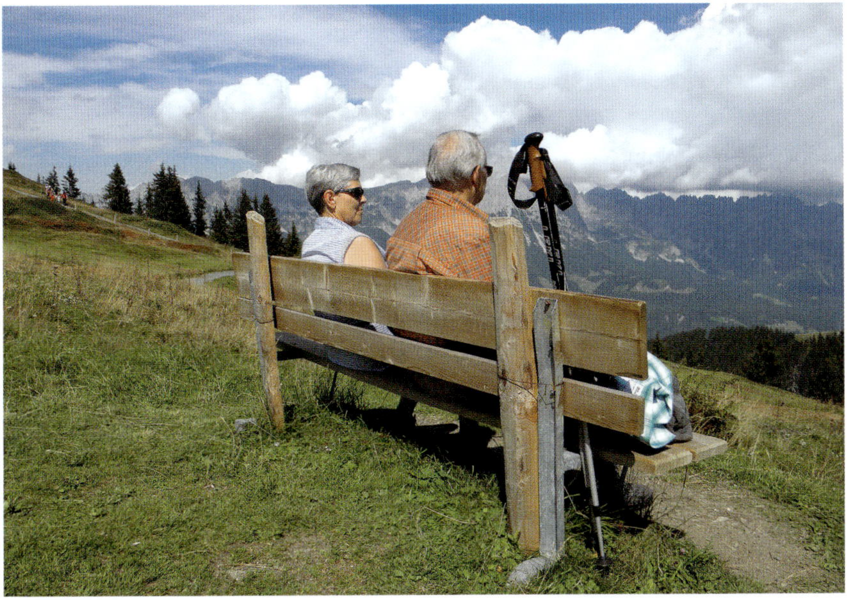

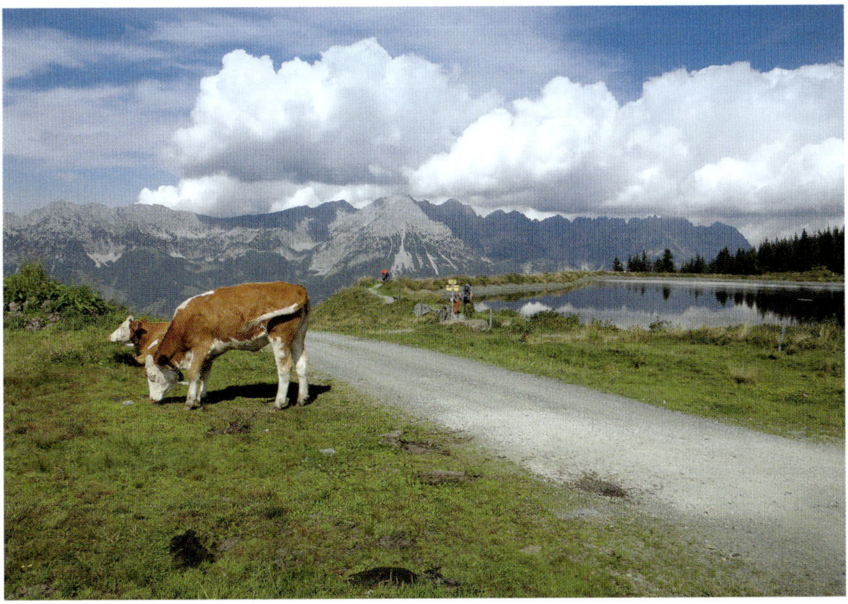

▲ »Kaiserliche Aussichten«, die darf man genießen.
▼ Kuhidylle am See mit Kaiserblick

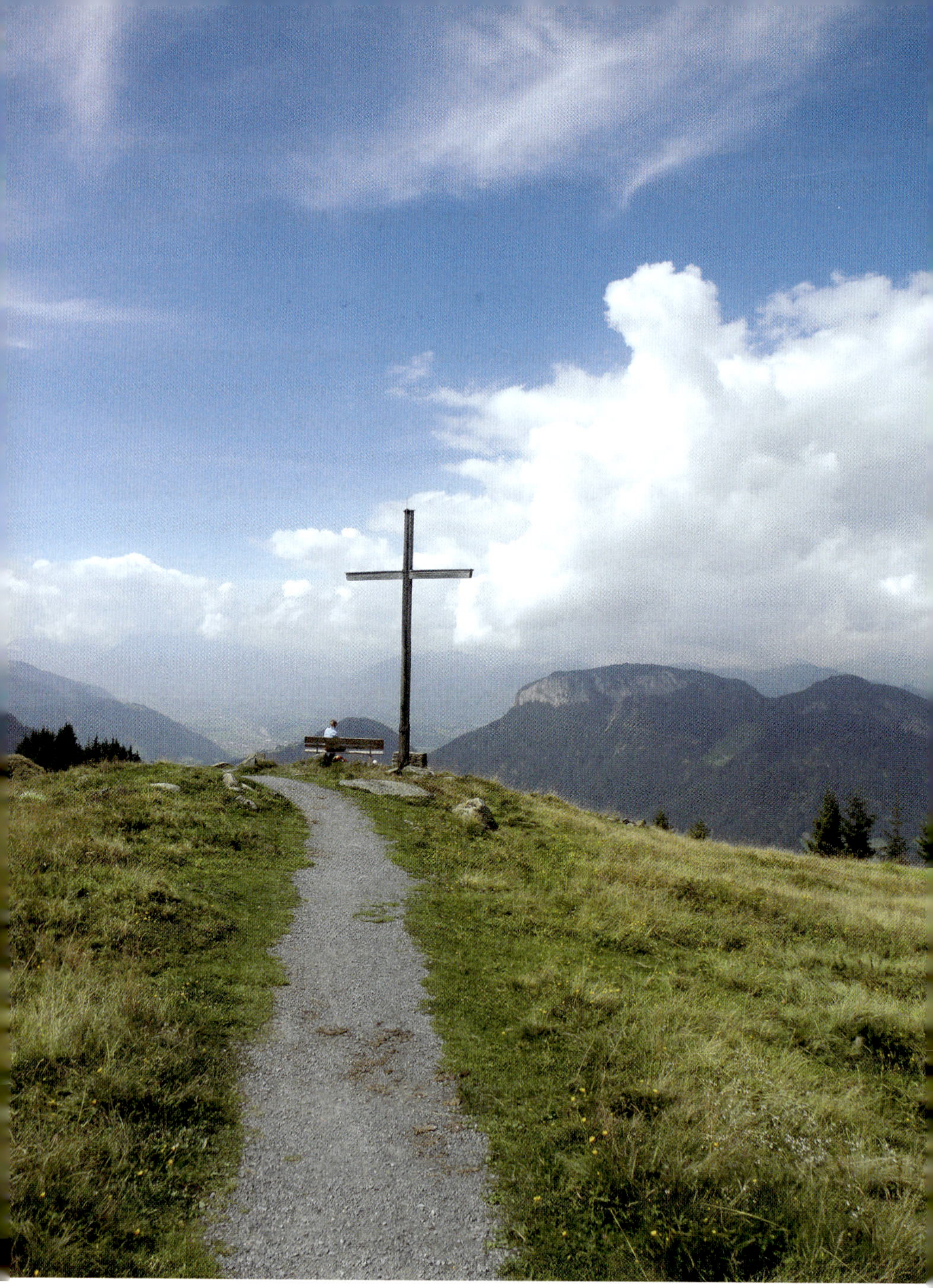

Hoch oben am Berg nahe der Bergbahn: am Brandstadlgipfel mit Blick auf den Pölven hinüber zur Hohen Salve und den dahinter liegenden Tauern. Der Großvenediger als Eispyramide ist hier ganz nah.

Am Tanzbodensee sieht man im Osten das Kitzbüheler Horn, bevor man dann vom Hartkaiser aus weit nach Osten in die Loferer und Leoganger Steinberge blicken kann. Eine aussichtsreiche Wanderung nimmt so ihr Ende. Die Runde schließt sich, indem Sie mit der Bergbahn nach Elmau hinabschweben und von dort mit dem Bus zurück nach Scheffau fahren.

Wegbeschreibung

Nach der Auffahrt zur Bergstation der Scheffauer Bergbahn orientiert man sich rechts mit dem Schild »Kaiserwelt-Rundweg«; so gelangt man in westlicher Richtung über ein Gatter zum Brandstadlgipfel. Hier macht der Weg einen weiten Bogen und führt in östlicher Richtung weiter. An einem Abzweig im Wald wandert man nun rechter Hand zur Tanzbodenalm. Großeltern, die ihre Enkel zuvor aus dem Kaiserreich abholen wollen, gehen hier linker Hand zum Brandstadl und von dort aus weiter zur Tanzbodenalm. Dort folgt man dem Wegweiser »Hartkaiser, Ellmau, Hartkaiser-Bergstation« und gelangt so zum Uferweg des Tanzbodenteichs. An seinem Ende geht es dann links mit dem Wegweiser hinunter, dann wandern wir rechter Hand auf dem Panorama-Höhenweg weiter. Es folgt ein Waldstück, und bald ist auch schon an einer Bergwiese die Hartkaiser-Bergbahn zu sehen, die ab hier über verschiedene Wegvarianten in wenigen Minuten erreicht wird.

Nach der Abfahrt mit der Bergbahn (in der Kartografie häufig noch als Standseilbahn zu finden) hinunter nach Ellmau können Sie mit dem Kombi-Ticket den KaiserJet-Bus (www.wilderkaiser.info) nehmen und zurück zur Talstation der Scheffauer Bergbahn fahren.

Wegalternativen

Leicht | Ab der Bergstation Brandstadlbahn zu Kummereralm und Jochstubensee und über den Eibergrundweg: auf bequemen Alm- und Spazierwegen, teilweise steil, 290 Hm Auf- und Abstieg, 1.30 Std.
Leicht | Ab der Bergstation Brandstadlbahn zur Mittelstation und zur Neualm: auf bequemen Alm- und Spazierwegen, teilweise steil, 400 Hm Abstieg, 1.30 Std.

Standseilbahn Hartkaiser

Im Frühjahr 2015 fand die letzte Fahrt der altehrwürdigen Standseilbahn auf den Hartkaiser statt. Anschließend wurde die gesamte Anlage, die Ellmau im Tal mit dem Gipfel des Hartkaisers verband, komplett abgebaut, entsorgt und durch eine neue Gondelbahn ersetzt. Einen Wagen der ehemaligen Standseilbahn kann man noch in der Nähe der Bergstation als technisches Denkmal besichtigen. Die alte Bahn war im März 1973 eröffnet worden und überwand 706 Höhenmeter auf einer Länge von insgesamt 2317 Metern. Die größte Neigung auf der Strecke betrug beachtliche 46 Prozent. Die beiden Wagen der Standseilbahn, die sich in der Mitte der Strecke auf halber Höhe mit einer Ausweiche begegneten, konnten jeweils 160 Personen zusätzlich zum Führer der Bahn befördern und somit bei einer Fahrzeit von sieben Minuten bis zu 1932 Personen in der Stunde transportieren. Ein beliebtes Fotomotiv dieser Bahn war der Moment, wenn sie über eine Brücke fuhr und so einer ihrer Wagen zusammen mit dem Wilden Kaiser fotografiert werden konnte.

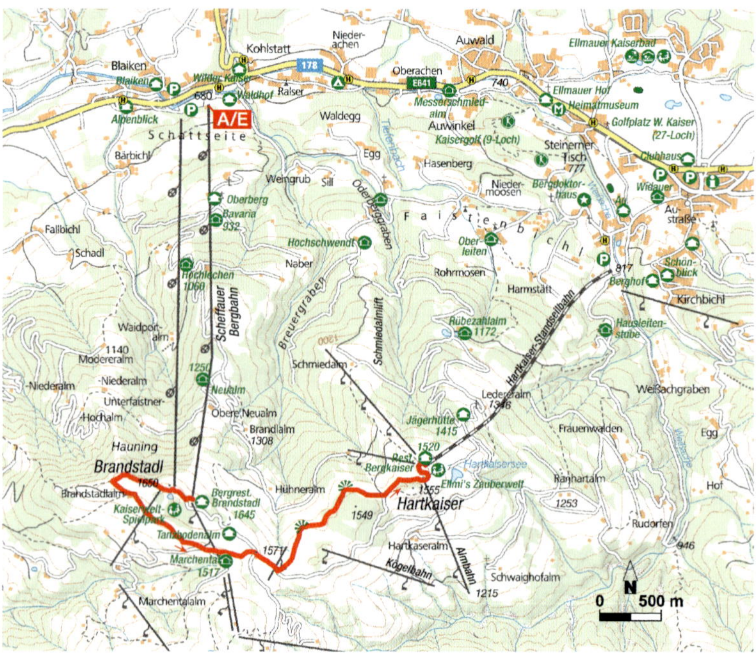

Auf einen Blick

GEHZEIT UND SCHWIERIGKEIT

Leicht | 1.30 Std. | 80 Hm Aufstieg, 170 Hm Abstieg | Breite Alm- und Spazierwege

ROLLSTUHLGEEIGNET

Ja, ggf. Rollstuhl zusammenklappen für Bergfahrt; um die Bergstation mit Mobilitätshilfe; Restaurant Brandstadl ohne Behinderten-WC, Hartkaiserbahn sowie Restaurant Bergkaiser barrierefrei mit Behinderten-WC

AUSGANGS-/ENDPUNKT

Talstation Brandstadlbahn (Parkplatz) in Scheffau bzw. Bushaltestelle »Blaiken«

ANFAHRT

Bus & Bahn: Bahn München–Wörgl, Bus 4060 nach St. Johann bis »Blaiken« in Scheffau;
Auto: A93 Kufstein-Süd, weiter Richtung Felbertauern bis Scheffau und zu den Parkplätzen P1 und P2 der Brandstadlbahn

EINKEHR

Bergrestaurant Brandstadl, Tel. +43/(0)650/401 17 76; Restaurant Tanzbodenalm, Tel. +43/(0)5358/431 50; Restaurant Bergkaiser, Tel. +43/(0)5358/232 02 22

KARTE

Freytag & Berndt 1:50 000, WK 301 Kufstein/Kaisergebirge/Kitzbühel

INFORMATION

Scheffau am Wilden Kaiser, Tel. +43/(0)5050/93 10, www.wilderkaiser.info; Brandstadlbahn, Tel. +43/(0)5358/81 53, www.kaiserwelt.at; Hartkaiserbahn, Tel. +43/(0)5358/23 20, www.skiwelt.at

TIPP

Wer sich an warmen Tagen noch erfrischen möchte, kann von Scheffau aus einen kurzen Abstecher zum schön gelegenen Hintersteiner See machen. Hier gibt es einen Badeplatz und das Gasthaus Seestüberl. Auch Busfahrer können mit dem Wanderbus KaiserJet den See erreichen (www.wilderkaiser.info).

19

Über Wolkenstein zur Steineralm

PANORAMABLICK IN DIE HOHEN TAUERN

Traumhafte Ausblicke können Sie auf der Panoramawanderung von der Wildkogelbahn über Wolkenstein hinunter zur Steineralm genießen. Nach einer zünftigen Einkehr wartet dort das Bustaxi zur Fahrt ins Tal.

Ein Höhenwandergebiet der Extraklasse gibt es in den Kitzbüheler Grasbergen. Nur gut zwei Autostunden vom östlichen Münchner Stadtrand entfernt befindet man sich in Bergregionen, die viele Münchner nicht kennen. Vielleicht muss man dazu mal ein bisschen früher aufstehen als sonst zu einer Tagestour, aber es lohnt sich – auf in den Oberpinzgau!

Schon die Auffahrt mit der Wildkogelbahn wird zum Erlebnis, denn häufig fährt man unten im Nebel los – dann taucht man aus dem Wattemeer hervor, und vor einem erheben sich die Eisriesen der Hohen Tauern. Eine wahre Wunderwelt, die wir auch beim Abstieg über den Höhenwanderweg hinunter zur Steineralm genießen dürfen. Tief unter uns liegt das Salzachtal; wir sehen die Orte Neukirchen, Wald und Krimml. Dahinter graben sich die tiefen Trogtäler in die Tauern ein. Von links nach rechts sehen wir zuerst das Habachtal, das Tal der Smaragde, die hier früher abgebaut wurden; dann reiht sich das Untersulzbachtal daran, und je weiter wir zur Steineralm absteigen, umso besser können wir die Eispyramide des Großvenedigers bewundern. Links neben dem Sattel sieht man den »kleinen Bruder«, den Kleinvenediger, der genauso imposant über dem Untersulzbachtal thront. Eine wunderbare

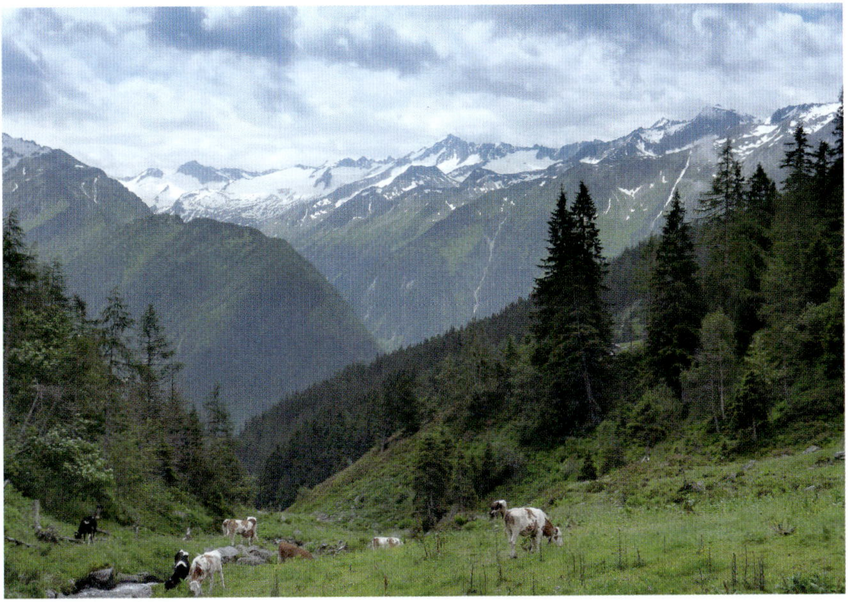

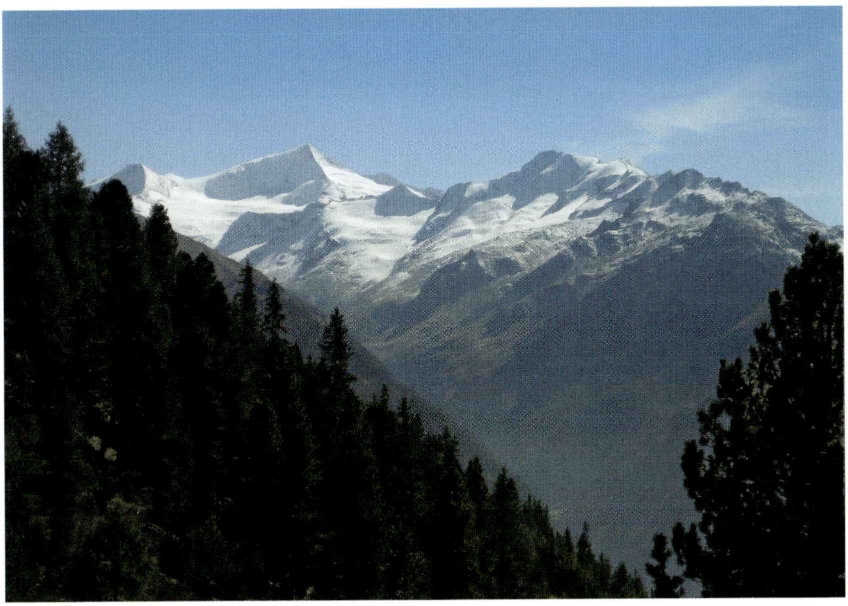

▲ Im Dürnbachtal nahe der Steineralm steigt die Vorfreude auf eine zünftige Einkehr.
▼ Majestät lässt grüßen: Blick vom Dürnbachtal auf den Großvenediger

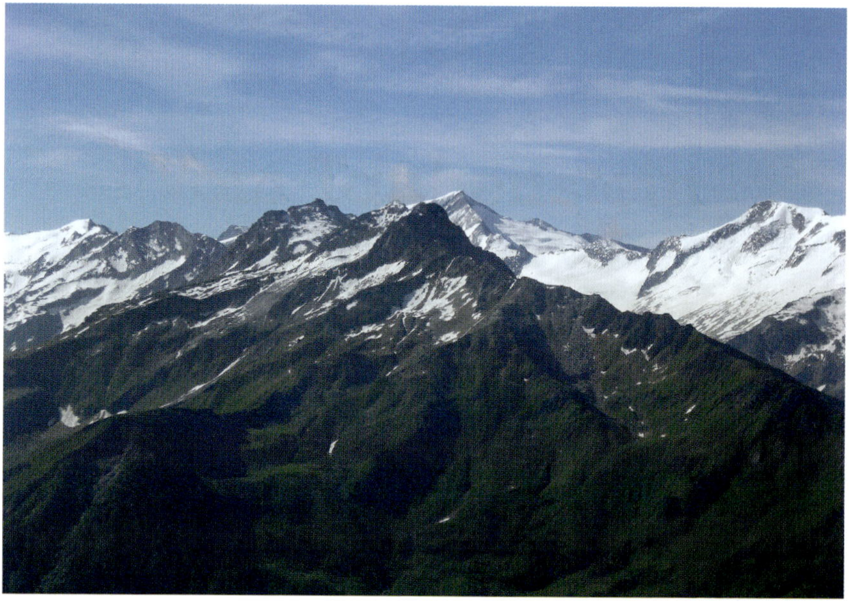

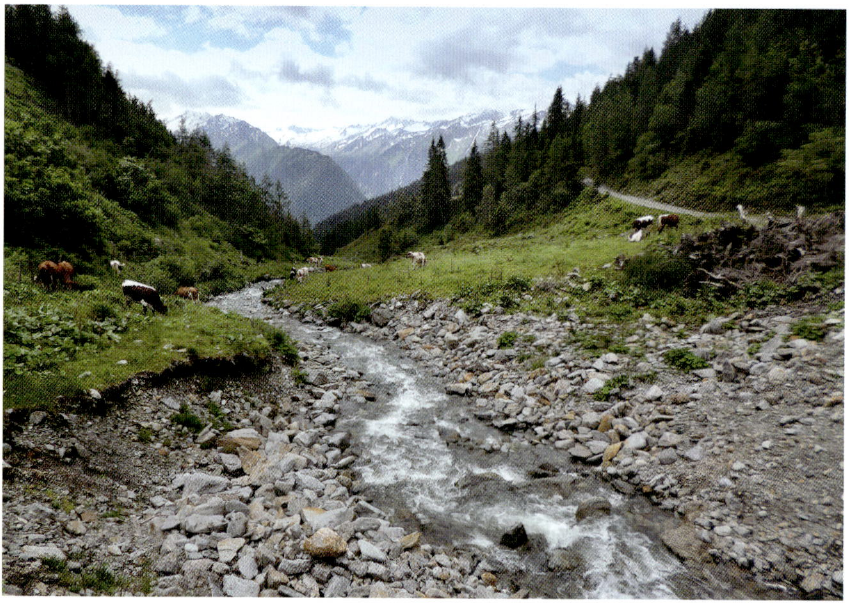

▲ Blick in die Eiswelt der Hohen Tauern, mit dem Großvenediger. Das löst oft ein Staunen aus.
▼ Die Füße ins Wasser halten – an warmen Sommertagen eine Wohltat!

Bergkulisse, der dann das Obersulzbachtal folgt, umrahmt von den Maurerkeesköpfen. Kees so nennt man übrigens die Gletscher im Pinzgau – und der andere »Käs«, der schmeckt vor allem in den leckeren Pinzgauer Kasnocken auf der Steineralm. Und auch sonst hat die Pinzgauer Küche so manche Leckerei zu bieten: Kaiserschmarrn, na klar, aber auch ein Marillenkuchen zum Kaffee ist eine wunderbare regionale Spezialität. Ich wünsche schon mal einen guten Appetit! So lässt diese Tour sowohl von den Ausblicken her wie auch von kulinarischer Seite keine Wünsche offen.

Wegbeschreibung

Bahnfahrer begeben sich vom Bahnhof linker Hand über den Sportplatz zur Hauptstraße, der man rechter Hand folgt. Hier befindet sich die Bushaltestelle, von der aus man die Wildkogelbahn schon gut erkennen kann. An der Talstation starten dann auch alle mit dem Auto Angereisten.

Nach der Auffahrt wendet man sich dem Wegweiser zur Steineralm in westlicher Richtung zu. Bergab geht es zum Wolkensteinhaus. Kurz davor geht man linker Hand weiter auf einem Almweg (Schild »Steineralm über Forstweg«). Hier heißt es, auf die Wegweiser zu achten, denn geradeaus ginge es ebenfalls zur Steineralm, dort aber über einen Steig, der in sehr alpines Gelände führt. So folgen wir also dem Almweg weiter bergab. Links geht es dann später zur Mittelstation. Das ist auch eine Wegalternative (s. dort Nr. 2); von dort kann man mit der Seilbahn ins Tal fahren. Wir wandern aber weiter rechter Hand hinunter Richtung Steineralm, bevor man den Dürnbach überquert.

Von der Steineralm kann man mit dem Bustaxi zurück nach Neukirchen fahren. Die Abfahrtszeiten des Busses sind den Infoheften der »Nationalpark Sommercard Mobil« (s. Tipp) zu entnehmen.

Wegalternativen

Mittel | Ab der Bergstation zum Frühmesser über Wolkenstein und Frühmesserbahn: bequeme Almwege, im Schlussanstieg zum Frühmesser steigähnliche Wanderwege, 210 Hm Auf- und Abstieg, 3 Std.
Leicht | Ab der Bergstation auf dem Panoramaweg über Bergeralm zur Mittelstation: bequemer Wanderweg, teilweise steiler Abstieg, 470 Hm Abstieg, 1.30 Std.

Der Großvenediger

Die gut sichtbare magische Eispyramide des Großvenedigers kann von vielen Seiten bewundert werden, unter anderem von Rosenheim aus. Er ist der höchste Berg der Venedigergruppe in den Hohen Tauern und des österreichischen Bundeslandes Salzburg. Durch den Gletscherschwund der letzten Jahrzehnte hat der Berg allerdings massiv an Höhe eingebüßt. Um 1980 wurde der Gipfel noch mit 3674 Metern vermessen, heute sind es mit 3657 Metern ganze 17 Meter weniger. Woher der Großvenediger seinen Namen hat, ist ungeklärt. Angeblich soll er ihn durchreisenden Händlern verdanken, bei denen es sich um Venediger handelte. Eine andere, aber inzwischen widerlegte Theorie besagt, dass man vom Gipfel bei guter Sicht bis nach Venedig sehen könne. Die Erstbesteigung des Gipfels datiert auf den 03. Juli 1841 durch eine von Sepp Hausstetter geführte Gruppe.

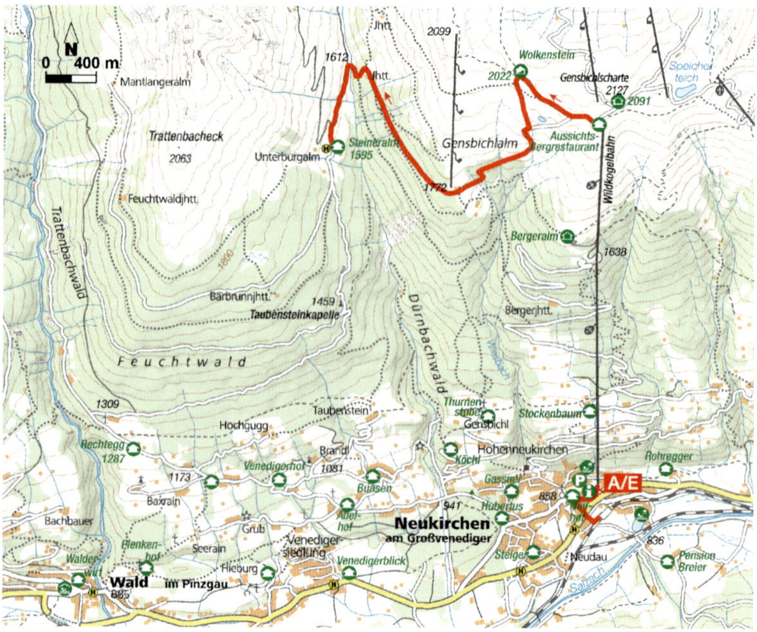

Auf einen Blick

GEHZEIT UND SCHWIERIGKEIT

Mittel | 2 Std. | 500 Hm Abstieg | Breite Almwege (Schotterwege), teilweise steiler Abstieg

ROLLSTUHLGEEIGNET

Spezielle Gondeln für Rollstuhlfahrer; Aussichts-Bergrestaurant Wildkogel-Arena barrierefrei mit Behinderten-WC, Mobilitätshilfe empfohlen

AUSGANGS-/ENDPUNKT

Wildkogelbahn (Parkplatz) bzw. Bahnhof Neukirchen oder Bushaltestelle »Neukirchen-Ortsmitte«

ANFAHRT

Bus & Bahn: Bahn München–Zell am See, nach Krimml bis Neukirchen oder mit Postbus bis »Neukirchen-Ortsmitte«. Anreise nur für Übernachtungsgäste; **Auto:** A93 bis Kufstein-Süd, Richtung Felbertauern bis Mittersill, Richtung Krimml bis Neukirchen

EINKEHR

Aussichts-Bergrestaurant Wildkogel-Arena, Tel. +43/(0)6565/640534; Steineralm, Tel. +43/(0)664/9163779

KARTEN

AV-Karte 1:50000, Nr. 34/1 Kitzbüheler Alpen West; Freytag & Berndt 1:50000, WK121 Großvenediger/Oberpinzgau

INFORMATION

Tourist-Info Neukirchen am Großvenediger, Tel. +43/(0)6565/6256, www.neukirchen.at; Wildkogelbahn, Tel. +43/(0)6565/6405, www.wildkogel-arena.at

TIPP

Für alle, die ein paar Tage hier bleiben wollen, bietet sich die »Nationalpark Sommercard Mobil« an. So können Sie günstig mit der Bergbahn auffahren und mit dem Bustaxi wieder zurück nach Neukirchen fahren (www.neukirchen.at).

20

Zur Geislhochalm am Wildkogel

DEN GROSSEN RETTENSTEIN IM BLICK

Von der Bergstation der Wildkogelbahn aus führt unterhalb der Berghänge des Wildkogel ein bequemer Almweg zur Geislhochalm. Die fantastische Pinzgauer Küche und ein sagenhafter Ausblick zum Großen Rettenstein krönen diese Tour.

Nach der Auffahrt mit der Bergbahn sollte man erst einmal nach Süden blicken: Hier sieht man über den tiefen Trogtälern von Unter- und Obersulzbachtal die Eispyramide des Großvenediger, und tief unter uns erstreckt sich von Ost nach West das Salzachtal. Dann, am Beginn der Tour, öffnet sich der Blick nach Norden auf die grandiose Bergwelt der Kitzbüheler Grasberge. Markant erhebt sich der rötlich schimmernde Große Rettenstein – er wird auch der »Dolomit der Kitzbüheler Grasberge« genannt –, und der Kleine Rettenstein, als Nachbar und »kleiner Bruder«, liegt gleich rechts daneben. Dahinter baut sich an klaren Tagen die Felsenwelt des Wilden Kaisers auf, und weiter rechts kann man ganz im Hintergrund die Chiemgauer Alpen erkennen. Umrahmt wird dieses Panorama von den unmittelbar angrenzenden Steilhängen des Wildkogel. Vielleicht sind Sie ja Ende Juni/Anfang Juli hier, wenn in einem kräftigen Rosa die Alpenrosen blühen – was für ein Kontrast zum blauen Himmel! Manchmal versteckt sich auch eine weiße Blüte, der die Farbpigmente fehlen, eine Seltenheit. Vielleicht sehen Sie ja ein Exemplar. Kühe weiden auf den Almen, und das Gebimmel der Kuhglocken verwandelt die Landschaft in einen wahren Klangteppich. Mit diesen Impressionen wandert man genüsslich hinunter zur Geislhochalm, wo man von der Aussichtsterrasse das Panorama nochmals bewundern und feststellen kann, wie sich ein Skigebiet im Sommer in eine bezaubernde Bergwelt verwandelt!

Die Bergbahn bringt Sie auf über 2000 Meter Höhe, und so können Sie bequem auch in dieser Höhe das Panorama genießen. Auf dem Rückweg lohnt noch ein Abstecher in die Bio-Almkäserei der Ganser-Hochalm. Fast unscheinbar schmiegt sich die alte Käserei an die steilen Grashänge.

Wegbeschreibung

Bahnfahrer begeben sich vom Bahnhof linker Hand über den Sportplatz zur Hauptstraße, der man rechter Hand folgt. Hier befindet sich die Bushaltestelle, von der aus man die Wildkogelbahn schon gut erkennen kann. An der Talstation starten dann auch alle mit dem Auto Angereisten. Nach der Auffahrt wendet man sich dem Wegweiser »Wildkogel, Baumgartenalm, Geislhochalm« rechter Hand zu. Wenig später gabelt sich der Almweg, und man nimmt hier den linken immer leicht bergab führenden Weg und erreicht so nach einer guten halben Stunde die Ganser-Hochalm. Von dort ist es nicht mehr weit bis zur Geislhochalm. In etwa 20 Minuten hat man auch dieses weiterhin bergab führende Wegstück bewältigt. Der Rückweg zur Bergstation der Wildkogelbahn entspricht dem Hinweg. Schauen Sie ruhig noch einmal zurück und blicken auf den herrlich schönen Großen Rettenstein im bezaubernden Licht des Nachmittags. **Hinweis**: Achten Sie am Beginn der Tour an der Bergstation unbedingt auf die letzte ausgewiesene Talfahrt – außer Sie möchten hier oben auf der Alm übernachten.

Wegalternativen

Leicht | Ab der Bergstation zum Wildkogelhaus über den Seerundweg und zurück: bequeme Alm- und Spazierwege, teilweise steil, 130 Hm Auf- und Abstieg, 1.30 Std.

Mittel | Ab der Bergstation auf dem Wildkogel-Panoramaweg über den Gipfel zur Geislhochalm und über die Ganser-Hochalm zur Bergstation: bequemer Almweg, An- und Abstieg zum/vom Wildkogel auf steigähnlichem Weg, 330 Hm Auf- und Abstieg, 2.30 Std.

Panorama am Wildkogel

Wer die Wegvariante »mittel« (s. Wegalternativen) auf den aussichtsreichen Wildkogel nimmt, wird an klaren Tagen mit einem Traumpanorama belohnt. Der Blick reicht im Norden von links nach rechts über den Oberbayerischen Alpenrand, vom Wendelstein bis in die Chiemgauer Alpen. Davor thront eindrucksvoll der Felsstock des Kaisergebirges. Im Osten schließen sich die Berchtesgadener Alpen mit dem Watzmann an, gefolgt von den Loferer- und Leoganger Steinbergen, bevor neben den Kitzbüheler Grasbergen im Süden die imposante Kette der Hohen Tauern auftaucht, mit Großglockner und Großvenediger, den beiden höchsten Bergen dieser Gebirgsgruppe. Das alpine Amphitheater wird weiter im Westen mit den Zillertaler Alpen, dem Karwendel und dem Rofan komplettiert. Es empfiehlt sich, ein wenig am Gipfel zu bleiben und diese einmalige Aussicht zu genießen. Besonders schön ist es hier oben, wenn sich im Spätsommer oder Herbst ein weiter, wattiger Nebelteppich tief unten im Salzachtal ausbreitet und die Orte im Tal mystisch verschwinden lässt.

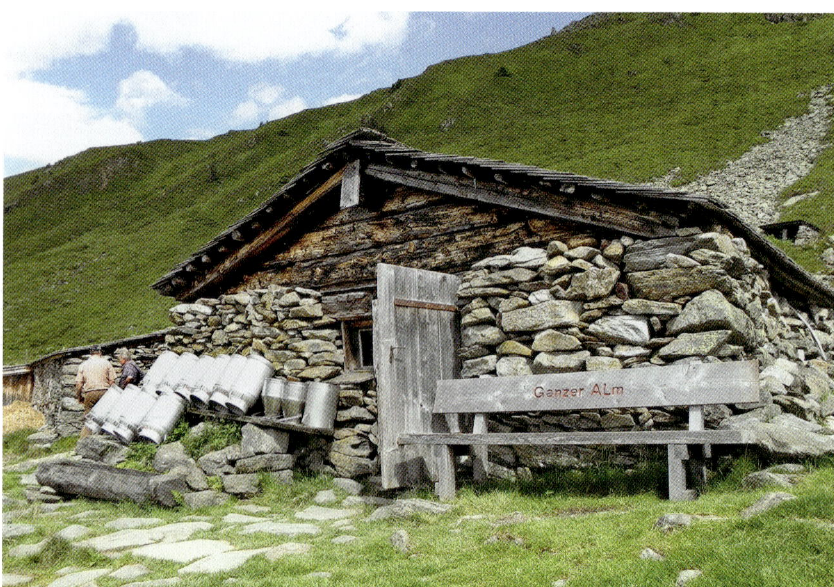

Urige Bergidylle

Auf einen Blick

GEHZEIT UND SCHWIERIGKEIT

Mittel | 2.30 Std. | 200 Hm Auf- und Abstieg | Breite Almwege

ROLLSTUHLGEEIGNET

Spezielle Gondeln für Rollstuhlfahrer; Aussichts-Bergrestaurant Wildkogel-Arena barrierefrei mit Behinderten-WC; Mobilitätshilfe empfohlen

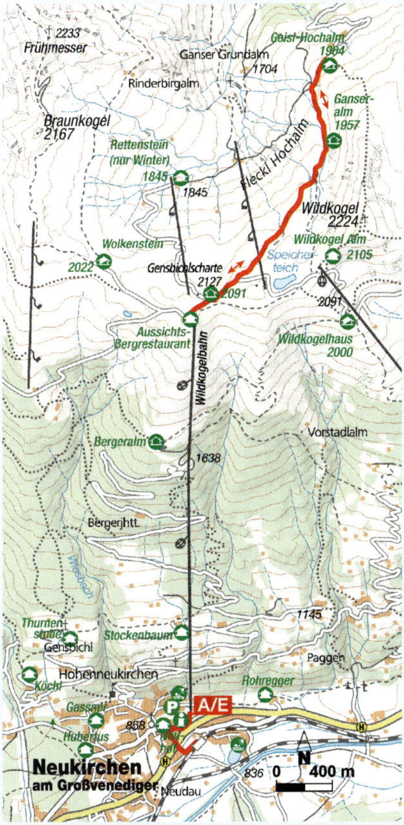

AUSGANGS-/ENDPUNKT

Wildkogelbahn (Parkplatz) bzw. Bahnhof Neukirchen oder Bushaltestelle »Neukirchen-Ortsmitte«

ANFAHRT

Bus & Bahn: Bahn München–Zell am See, nach Krimml bis Neukirchen oder mit Postbus bis »Neukirchen-Ortsmitte«. Anreise nur für Übernachtungsgäste; **Auto:** A 93 bis Kufstein-Süd, Richtung Felbertauern bis Mittersill, Richtung Krimml bis Neukirchen

EINKEHR

Aussichts-Bergrestaurant Wildkogel-Arena, Tel. +43/(0)6565/64 05 34; Geislhochalm, Tel. +43/(0)6565/66 41

KARTEN

AV-Karte, Nr. 34/1 Kitzbüheler Alpen West

INFORMATION

Tourist-Info Neukirchen am Großvenediger, www.neukirchen.at; Wildkogelbahn, www.wildkogel-arena.at

21

Zur Kaindlhütte

KAISERLICHE AUSSICHTEN
HOCH ÜBER KUFSTEIN

Die Wanderung vom Brentenjoch zur Kaindlhütte besticht durch die atemberaubenden Einblicke in die Felsszenerie des Wilden Kaiser. Direkt über der Hütte erhebt sich nahezu senkrecht der Gipfel des Scheffauer.

»Ich kann nun eben doch hinauf aufs Brentenjoch« – so oder auf ähnliche Weise könnten sich manche Senioren freuen, die auf die Wiederinbetriebnahme des Kaiserlifts gewartet haben. Vorbildlich erfolgte die Sanierung des Lifts. Ein besonderer Service für Hundehalter ist die Auffahrt der Vierbeiner in separaten Hundeboxen, wenn diese nicht mehr auf den Schoß passen. Oben fesselt von einer neu errichteten Aussichtsplattform der erste Blick auf den Wilden Kaiser, und nach Nordwesten schaut man über das Inntal hinüber zum Mangfallgebirge. Auf unserer Seite des Inntals, also weiter rechts, rücken dann die Chiemgauer Alpen ins Visier. Noch weiter rechts grüßt auf der anderen Seite des Kaisertals der Zahme Kaiser herüber; markant erhebt sich dort, als erster Zacken in dieser Felsenparade, die Naunspitze. Sie können sich all die Namen nicht merken? Kein Problem, denn das Fernrohr am Aussichtspunkt führt schließlich eine Beschreibung aller namhaften Gipfel! Vielleicht können Sie ja auf dem Rückweg noch einmal überprüfen, ob Sie sich einige Bergnamen gemerkt haben.

An der Kaindlhütte angekommen, bilden die Almen rundherum samt Kapelle, umsäumt von alten Lärchen, unter den steil aufragenden Wänden des Scheffauer eine besondere Idylle. Bergsteiger übernachten ggf. auf der Hütte, bevor sie über den Widauer Steig zum Gipfel des Scheffauer aufsteigen. Ein

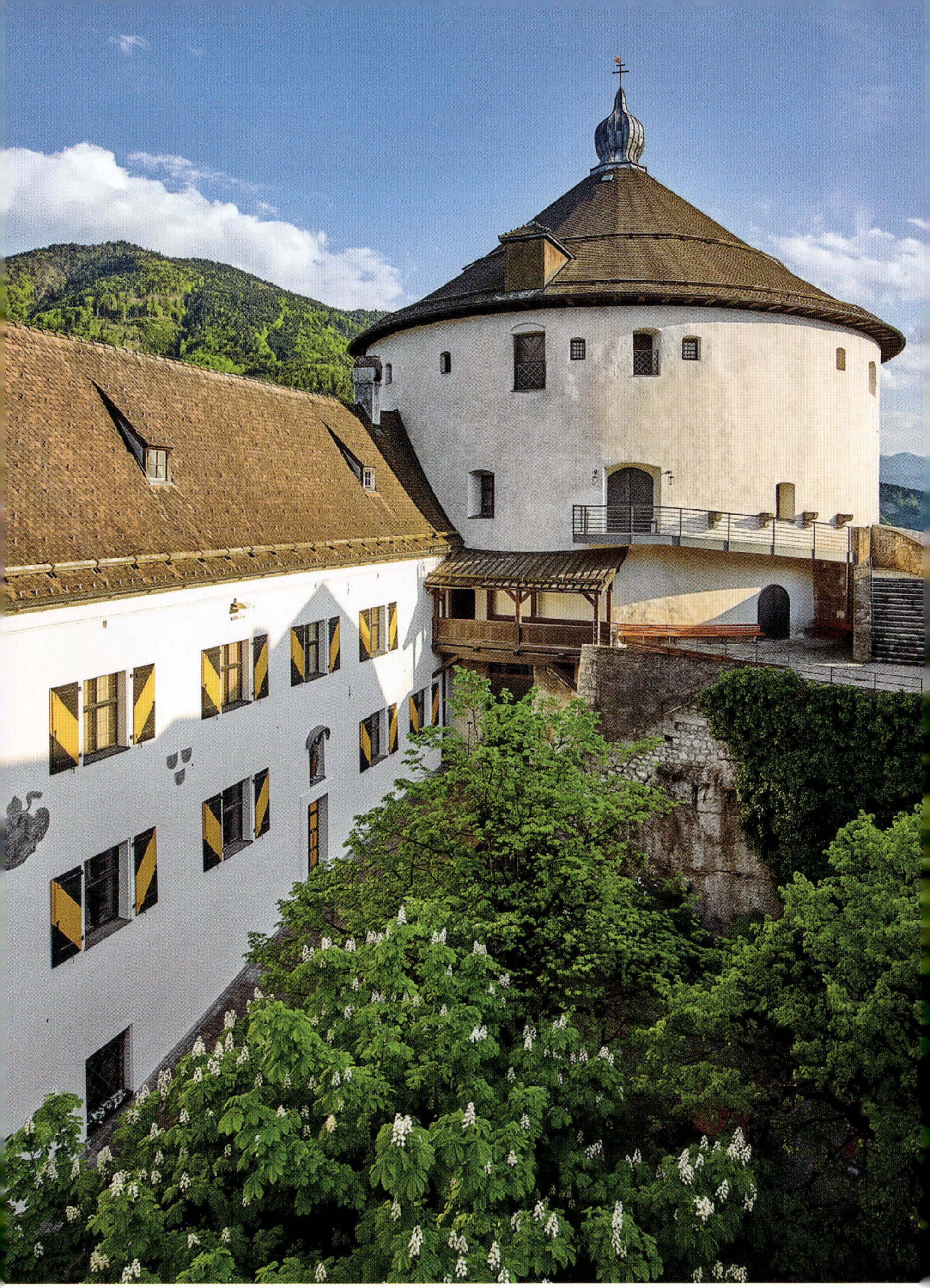

Und nach der Tour geht es auf die Kufsteiner Festung.

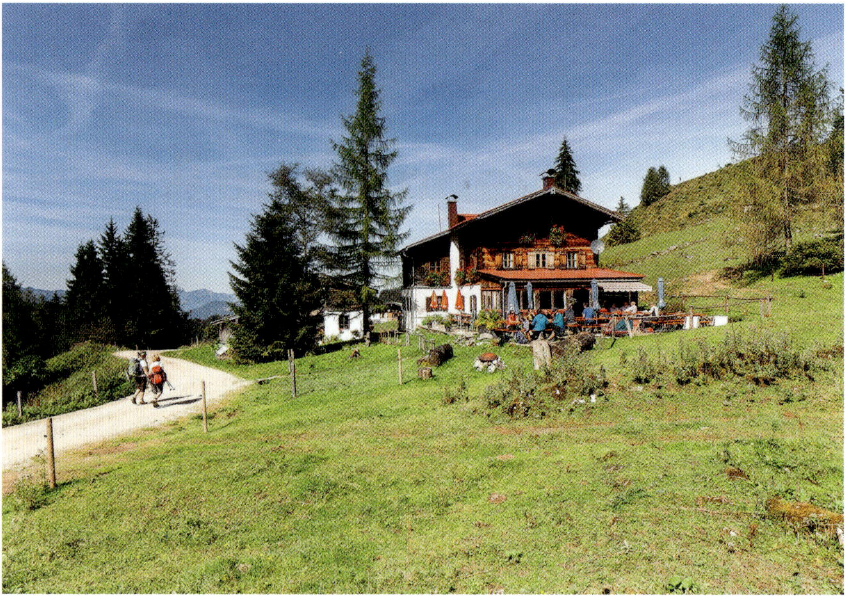

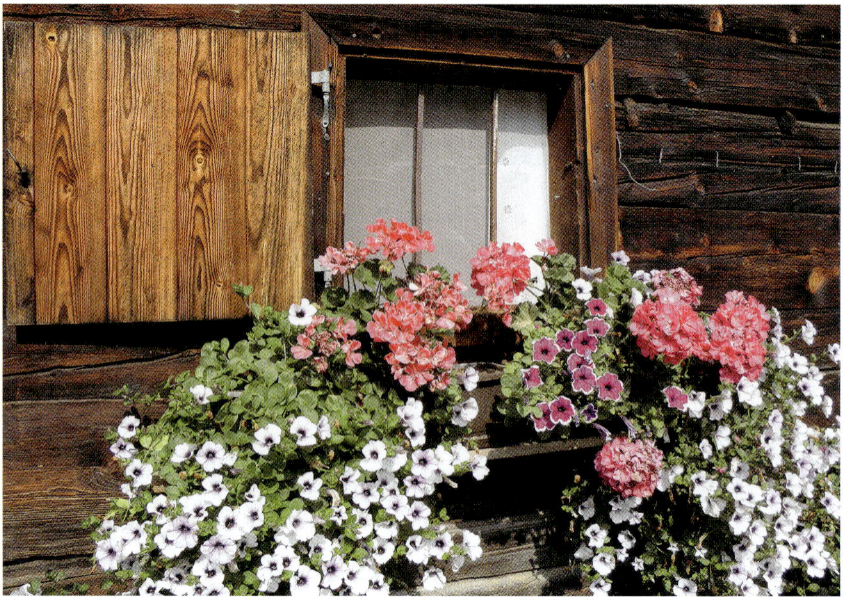

▲ Ein Ort unter dem Wilden Kaiser, der verzaubert, das ist die Kaindlhütte.
▼ Blumenpracht an der Brentenjochalm

Klassiker ist hierbei der Überstieg über die Kegelstatt hinunter zum Hintersteiner See.

Immer höher werden die Felswände des Wilden Kaiser, je näher man ihnen zu Leibe rückt, bis man schließlich die Kaindlhütte erreicht. Neben der traumhaften Lage lässt die Hütte auch kulinarisch nichts zu wünschen übrig, beste Tiroler Küche ist hier selbstverständlich.

Wegbeschreibung

Von der Bushaltestelle »Meraner Straße« geht man durch die Hausunterfahrt in die Meraner Straße. Dann führt die Straße in einer Linkskurve bergauf, und wir folgen dem Wegweiser »Kaiserlift« bis zur Talstation. Zusammen mit den Autofahrern fährt man nun mit dem Kaiserlift zum Brentenjoch hinauf.

Von der Bergstation des Kaiserlifts folgt man nun immer dem Wegweiser »Kaindlhütte«, weshalb dieser im Folgenden nicht mehr erwähnt wird. So steigt man zunächst zur Brentenjochalm ab, dann zieht der bequeme Almweg gemächlich bergab in die Antalau. Dort zweigt ein Wanderweg über den Gaißbach als Abkürzung zur Kaindlhütte ab. Ich empfehle Ihnen aber, auch im weiteren Verlauf dem bequemen Almweg hinauf bis zur Kaindlhütte zu folgen. Der Rückweg zur Bergstation des Kaiserlifts entspricht dem bereits beschriebenen Hinweg.

Wegalternativen

Mittel | Ab der Bergstation über die Brentenjochalm zum Gamskogel und vorbei am Brandkogel zur Kaindlhütte, dann über den Normalweg zurück zur Bergstation des Kaiserlifts: typischer Wanderweg von der Brentenjochalm zur Kaindlhütte, zurück über bequemen Almweg, 420 Hm Auf- und Abstieg, 3 Std.
Leicht | Ab der Mittelstation über Kienbergklamm und Elfenhain in Richtung Kufstein und auf dem Hörfarter Weg über das List-Denkmal zurück zur Talstation des Kaiserlifts: typische Wanderwege, 400 Hm Abstieg, 1.30 Std.

Die Geschichte des Kaiserlifts

Der Kaiserlift führt vom Kufsteiner Ortsteil Sparchen auf das 1256 Meter hoch gelegene aussichtsreiche Brentenjoch. Zwei Kilometer Luftlinie südlich der heutigen Talstation befindet sich der Motorikpark, wo früher der alte Kaiserlift startete. Seine damalige Bergstation war 1952 eröffnet worden und stand auf dem Stadtberg direkt neben dem Berggasthof Aschenbrenner. Die Talstation des jetzigen Kaiserlifts wurde im Jahr 1970 weiter nördlich erbaut. Ein weiterer Lift erschloss bis 1998 das kleine, beschauliche Skigebiet am Steinberg unter den Wänden des Wilden Kaisers mit dem Gipfel des Scheffauers, unweit der beliebten Kaindlhütte. 2012 wurde der Betrieb des Kaiserlifts vorübergehend aus technischen Gründen eingestellt. 2014 begann dann eine umfassende Sanierung der Liftanlage. 2015 wurde der Lift wieder in Betrieb genommen und erschließt Wanderern vom 1. Mai bis zum 31. Oktober die Wanderziele auf dem Kufsteiner Stadtberg. Hier zeigt sich schön, dass auch ein Einer-Sessellift saniert und in eine dauerhafte Wirtschaftlichkeit überführt werden kann.

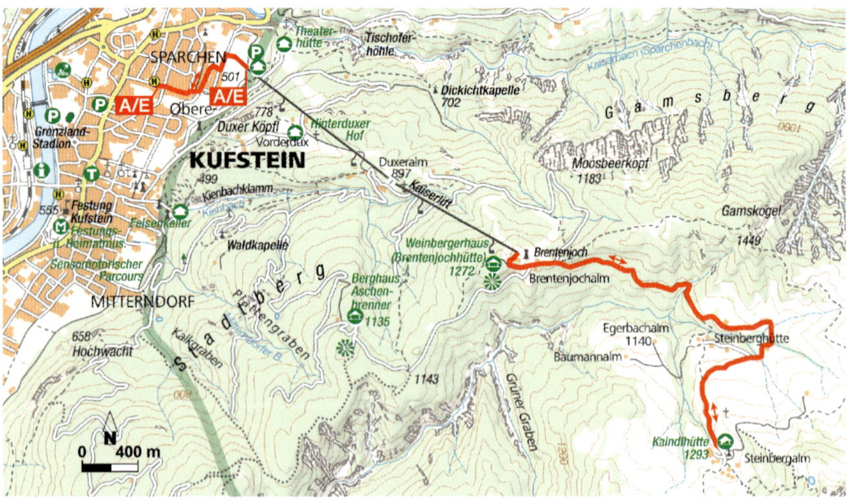

Auf einen Blick

GEHZEIT UND SCHWIERIGKEIT

Mittel | Auto: 2.30 Std. | 180 Hm Auf- und Abstieg | Bahn: 3 Std. | 200 Hm Auf- und Abstieg | Bequemer Almweg

ROLLSTUHLGEEIGNET

Nein

AUSGANGS-/ENDPUNKT

Talstation Kaiserlift (Parkplatz) bzw. Bushaltestelle »Kufstein/Meraner Straße«

ANFAHRT

Bus & Bahn: Bahn München–Kufstein, Stadtbus 1 bis »Kufstein/Meraner Straße«;
Auto: A8 München–Salzburg bis Inntaldreieck, A93 bis Kufstein-Nord, im Kreisverkehr rechts Richtung Thiersee/Kufstein-Zentrum, nächster Kreisel Richtung Kufstein-Zentrum, nächster Kreisel geradeaus zum »Kaiserlift«. Ohne Vignette: A93 Inntalautobahn bis Ausfahrt Kiefersfelden, zum Bahnhof in Kufstein und von dort weiter, beschildert, Richtung Kaiserlift

EINKEHR

Kaindlhütte, Tel. +43/5372 212 55; Weinbergerhaus (Abstecher), Tel. +43/(0)664/256 47 60

KARTE

AV-Karte 1:25 000, Nr. 8 Kaisergebirge

INFORMATION

Tourismusverband Kufsteinerland, Tel. +43/(0)5372/622 07, www.kufstein.com; Kaiserlift, Tel. +43/(0)5372/69 30, www.kufstein.at

HINWEIS

Hundetransport in Hundeboxen im Kaiserlift möglich

TIPP

Lassen Sie sich nach der Tour, zum Ausklang des Tages, in einem der Cafés am Inn in Kufstein verwöhnen. Danach können Sie noch die Festung besichtigen (hier steht Ihnen ein Lift zur Verfügung). Auch die Kufsteiner Altstadt wartet mit ihren alten Häusern, wie z. B. in der Römerhofgasse, auf einen Bummel.

22

Zum Aschenbrenner-Haus

PERFEKTES KAISER-PANORAMA

Kaiserliche Aussichten genießen Sie auf der Wanderung vom Brentenjoch hinüber zum Berghaus Aschenbrenner. Und das auf 1200 Metern Höhe, dank dem sanierten Kaiserlift. Fahrt, Wanderung und Einkehr sind so ein besonderes Erlebnis.

Schon die Auffahrt mit dem Sessellift liefert ein perfektes Panorama. Mit zunehmender Höhe kann man nach Norden ins Bayerische Inntal blicken, umrahmt vom Kranzhorn und dem Wildbarren. Weiter rechts reiht sich die Prominenz der Chiemgauer Alpen ein. Die bekanntesten Berge sind hier der Spitzstein und der Geigelstein. Auch ins Kaisertal darf man auf der Fahrt mit dem Kaiserlift blicken. Man sieht die Ritzaualm, die Vorderkaiserfeldenhütte und dahinter die Naunspitze. Oben angelangt, schweift der Blick natürlich zur Felsenkette des Wilden Kaiser. Ein extra Aussichtspunkt wurde hier errichtet, und der Scheffauer scheint hier ganz nah. Eine gute Idee ist es auch, im Fernrohr die Bergnamen mit zu integrieren.

Dann geht es auch schon auf einem bequemen Almweg hinüber zum Berghaus Aschenbrenner. Hier sitzt man bei schönem Wetter auf der sonnigen Südterrasse des Hauses. Der Ausblick kann sich auch hier sehen lassen: hinüber zum Pendling, dem Köglhörndl und dem Hinteren Sonnwendjoch – zusammen mit guter Tiroler Küche ein Hochgenuss!

Wer möchte, kann auch noch das Weinberger Haus mitnehmen, aber auf einem Wanderweg, der mit Wurzeln und Steinen versehen ist, weshalb diese Tour in den Wegalternativen eingetragen ist. Dort besticht die Aussicht über

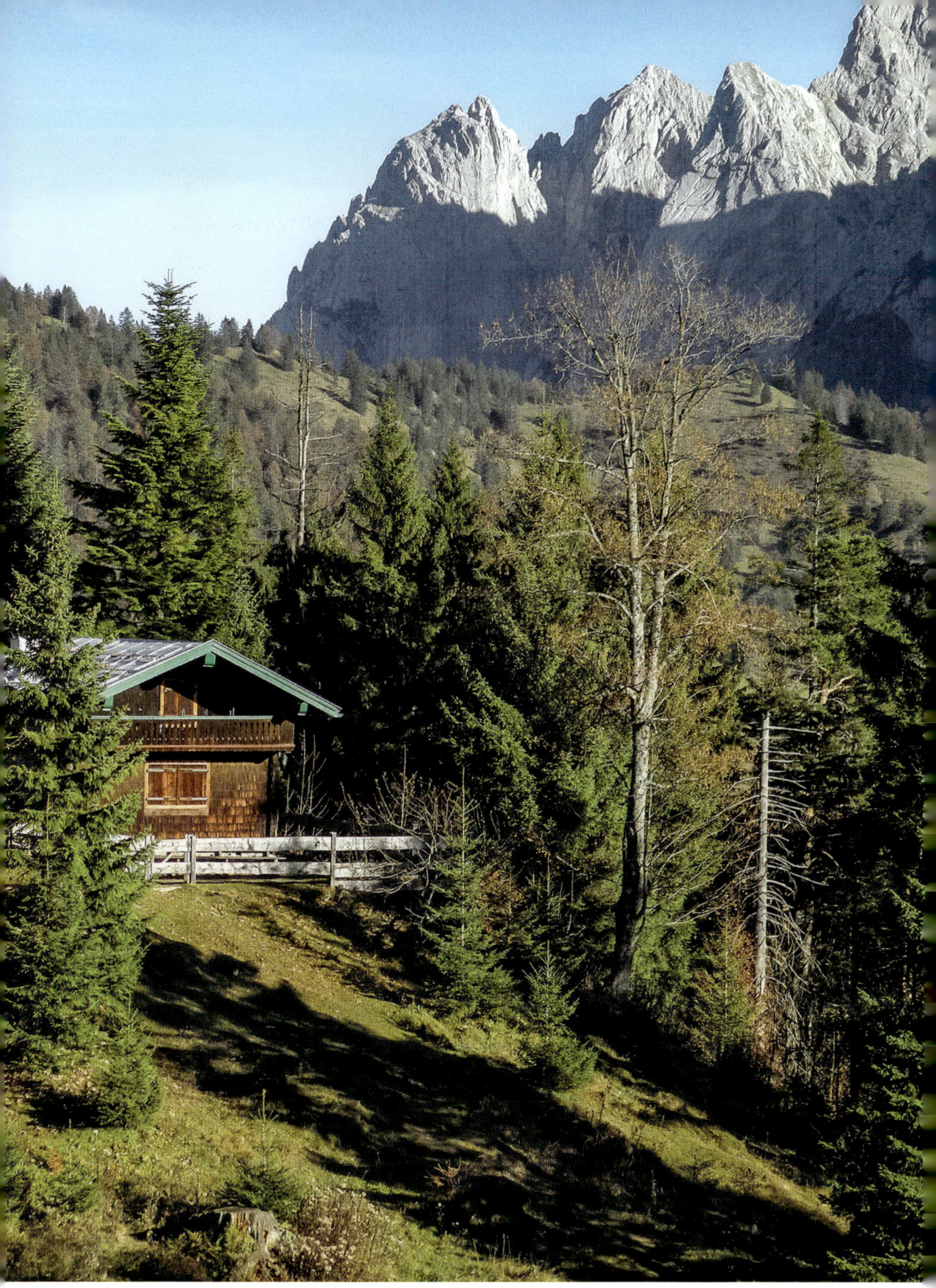

Blick zum Wilden Kaiser

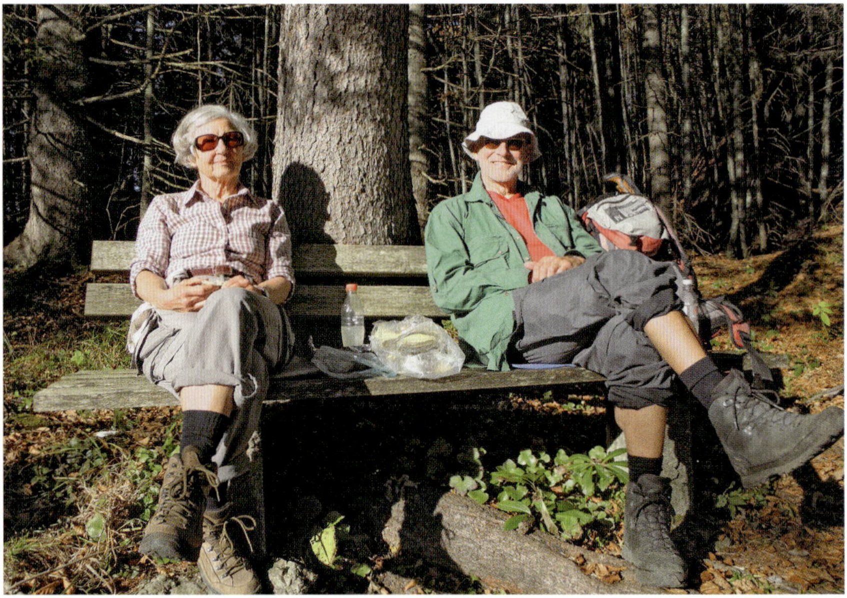

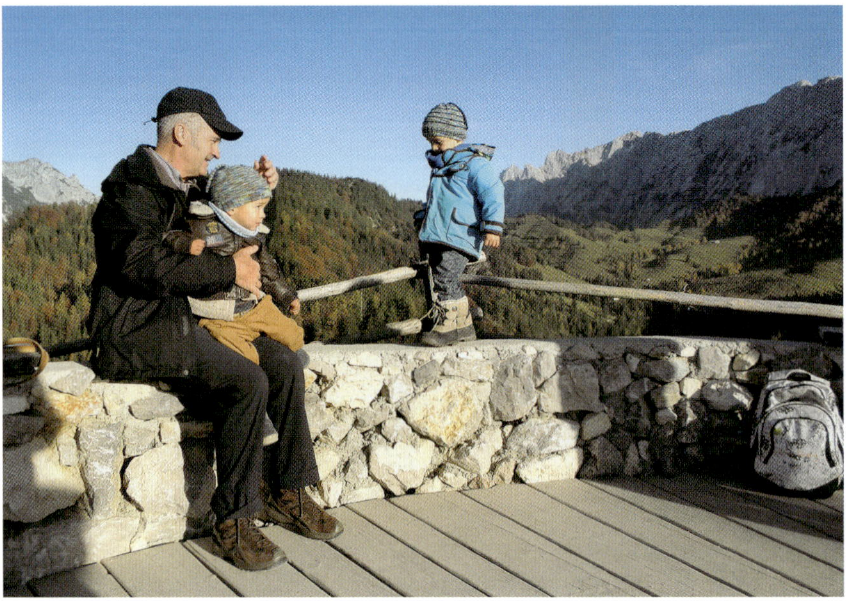

▲ Schöner ist eine lange Pause, dann mit einer guten Jause ...
▼ Der Maxi sitzt am Schoß, der Wasti balanciert, wie macht er das bloß?

das Inntal auf die Berge des Mangfallgebirges. Brünnstein, Wendelstein und Wildbarren, die markantesten Gipfel dieser Gebirgsgruppe, komplettieren das bisherige Panorama. Weiter rechts, auf unserer Seite des Inntals, kann man noch einmal die Chiemgauer Alpen bewundern. Alle jene, die nicht diese Wegvariante gehen wollen, können auch kurz vor der Kaiserlift-Bergstation auf einem bequemen Almweg einen Abstecher zum Weinberger Haus machen. Dann geht es mit dem Sessellift und mit besonders schönen Ausblicken wieder nach Kufstein – schließlich blickt man ja auf der gesamten Abfahrt über das Inntal.

Wegbeschreibung

Von der Bushaltestelle »Meraner Straße« geht man durch die Hausunterfahrt in die Meraner Straße. Dann führt die Straße in einer Linkskurve bergauf, und wir folgen dem Wegweiser »Kaiserlift« bis zur Talstation. Zusammen mit den Autofahrern fährt man nun mit dem Kaiserlift zum Brentenjoch hinauf.

Von der Bergstation des Kaiserlifts folgt man dem Wegweiser »Aschenbrenner«. Gleich an der nächsten Weggabelung ignorieren wir das Schild »Aschenbrenner über Weinberghaus« rechter Hand und gehen mit dem Schild »Aschenbrenner« in einer Linkskurve bergab hinunter zur Brentenjochalm. Dort folgt man dem gewohnten Wegweiser »Aschenbrenner« bis eben dorthin. Der Rückweg entspricht dem Hinweg.

Wegalternativen

Mittel | Ab der Bergstation über das Weinberger Haus zum Berghaus Aschenbrenner und wieder zurück: Wanderweg vom Weinberger Haus, bequemer Almweg auf der restlichen Normalroute, 170 m Auf- und Abstieg, 2.45 Std.
Leicht | Ab der Bergstation zur Mittelstation über die Duxer Alm: bequemer Almweg, 340 Hm Abstieg, 1.15 Std.

Die Naturrodelbahn zum Berghaus Aschenbrenner

Ein besonderes Wintererlebnis ist es, mit dem Schlitten auf der Naturrodelbahn vom Berghaus Aschenbrenner bis an den östlichen Rand Kufsteins abzufahren. Das Berghaus empfiehlt sich auch in der kalten Jahreszeit für eine zünftige, gemütliche Einkehr und für die winterliche Aussicht in das Inntal, zum Mangfallgebirge mit dem Großen Traithen und zu den Brandenberger Alpen mit Pendling, Hundsalmjoch und Köglhörndl. Dahinter erahnt man sogar die verschneiten Felsgipfel des Rofan und des Karwendels nahe dem Achensee. Da der Kaiserlift in der Wintersaison allerdings nicht in Betrieb ist, muss in knapp zwei Stunden zu Fuß von der Mitterndorfer Straße in Kufstein aufgestiegen werden. Belohnt wird man dann mit einer traumhaften Abfahrt auf der gut ausgebauten Rodelbahn, die mit meist moderatem Gefälle bergab führt. Das einmalige Erlebnis erfreut in den Wintermonaten bei guter Schneelage. Schlitten werden allerdings keine mehr am Berghaus Aschenbrenner verliehen, deshalb sollte man unbedingt den eigenen Schlitten mitbringen. Viele sportbegeisterte und alpin erfahrene Senioren nutzen diese Naturrodelbahn im Winter und sind natürlich mit einem Helm ausgerüstet.

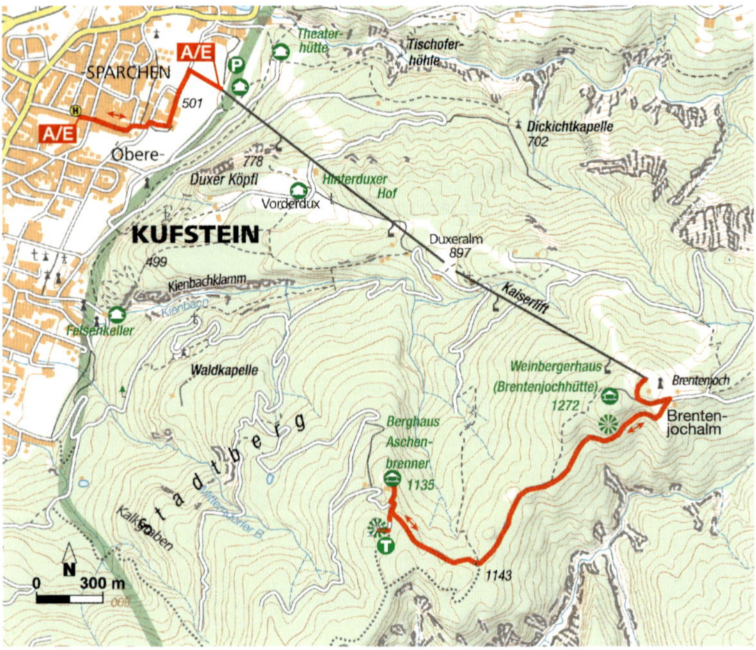

Auf einen Blick

GEHZEIT UND SCHWIERIGKEIT

Mittel | Auto: 2 Std. | 100 Hm Auf- und Abstieg | Bahn: 2.30 Std. | 120 Hm Auf- und Abstieg | Bequemer Almweg

ROLLSTUHLGEEIGNET

Nein

AUSGANGS-/ENDPUNKT

Talstation Kaiserlift (Parkplatz) bzw. Bushaltestelle »Kufstein/Meraner Straße«

ANFAHRT

Bus & Bahn: Bahn München–Kufstein, Stadtbus 1 bis »Kufstein/ Meraner Straße«;
Auto: A 8 München–Salzburg bis Inntaldreieck, A 93 bis Kufstein-Nord, im Kreisverkehr rechts Richtung Thiersee/ Kufstein-Zentrum, nächster Kreisel Richtung Kufstein-Zentrum, nächster Kreisel geradeaus zum »Kaiserlift«.
Ohne Vignette: A 93 Inntalautobahn bis Ausfahrt Kiefersfelden, zum Bahnhof in Kufstein und von dort weiter, beschildert, Richtung Kaiserlift

EINKEHR

Berghaus Aschenbrenner, Tel. +43/(0)5372/622 20; Weinbergerhaus, Tel. +43/(0)664/256 47 60

KARTE

AV-Karte 1:25 000, Nr. 8 Kaisergebirge

INFORMATION

Tourismusverband Kufsteinerland, Tel. +43/(0)5372/622 07, www.kufstein.com; Kaiserlift, Tel. +43/(0)5372/69 30, www.kufstein.at

HINWEIS

Hundetransport in montierten Hundeboxen im Kaiserlift möglich

TIPP

Trittsichere Wanderer können kurz vor dem Berghaus Aschenbrenner noch einen Abstecher zum »Venedigerblick« machen – in 15 Min. bergauf hat man es auf einem idyllischen Waldpfad geschafft. Von dort schweift der Blick über das Geißbachtal zur Eispyramide des Großvenediger. Von einer Bank kann man diese Aussicht bequem genießen.

23

Rund um die Aschinger Alm

ÜBER DEM WALCHSEE UND UNTER DEM KAISER

Eine ansprechende Wanderung führt von der Bergstation der Bergbahn Zahmer Kaiser zur Aschinger Alm und weiter zur Mittelstation. Ausblicke auf die Wände des Zahmen Kaiser und Tiefblicke auf den Walchsee bei Kössen sind garantiert. Und wer möchte, kann ganz ins Tal zurück absteigen.

Bei der Auffahrt mit dem Sessellift können Sie schon Blicke auf den Walchsee und auf die umliegenden Berge genießen. Die bekannten Gipfel der Chiemgauer Alpen stehen hier Spalier – die formschöne Pyramide des Geigelsteins fällt da besonders ins Auge. Weiter im Osten grüßen der Unterberg und die Hörndlwand herüber, und dahinter sieht man an klaren Tagen den Hochstaufen und das Sonntagshorn. Letzteres ist der höchste Berg der Chiemgauer Alpen.

Nach der Auffahrt ändert sich das Ambiente. Nun ist man auf Höhe der beschaulichen Schöberlalm den Wänden des Zahmen Kaisers ganz nah: Hoch über uns erhebt sich die Pyramidenspitze, ganz im Westen sieht man die markante Naunspitze. Nun ist es auch nicht mehr weit bis zur Aschinger Alm. Die Tiroler Küche lässt hier keine Wünsche offen, und um die Ecke wartet noch ein Besuch der Almkäserei.

Dann geht es durch den Bergwald weiter bergab, bis die Mittelstation der Sesselbahn erreicht ist. Hier kann man entweder mit dieser ins Tal abfahren, oder man geht zu Fuß weiter bergab und genießt hier nochmals die schönen Tiefblicke auf den Walchsee. Wenn die Enkel mit dabei sind, kann man ihnen die Tour auch mit einer Fahrt mit der Sommerrodelbahn schmackhaft machen: Zwei Bahnen führen in rasanten Kurven schließlich zur Talstation. Und unten gibt es einen Freizeitpark mit Trampolin, Pit Pat und Streichelzoo – für Abwechslung bei Ihren Kleinen wäre also allemal gesorgt.

Wegbeschreibung

Von der Bergstation aus wendet man sich dem Wegweiser »Aschinger Alm über Schöberlalm« zu. Durch ein Drehkreuz geht es linker Hand in den Wald. Bald sind die Bergwiesen vor der Schöberlalm erreicht, am nächsten Abzweig geht's rechter Hand in Richtung Aschinger Alm weiter. Nahe der Schöberlalm wandert man rechter Hand in Kehren auf dem geteerten Nebenweg bergab und im Weiteren auf bequemen Wegen zur Aschinger Alm.

Schöner ist allerdings der Weg, wenn man am Abzweig an der Schöberlalm linker Hand geht (ohne Beschilderung). Ein Wiesenpfad windet sich um den Bergkessel, dann geht es allerdings einige Meter auf einem steinigen Wanderpfad

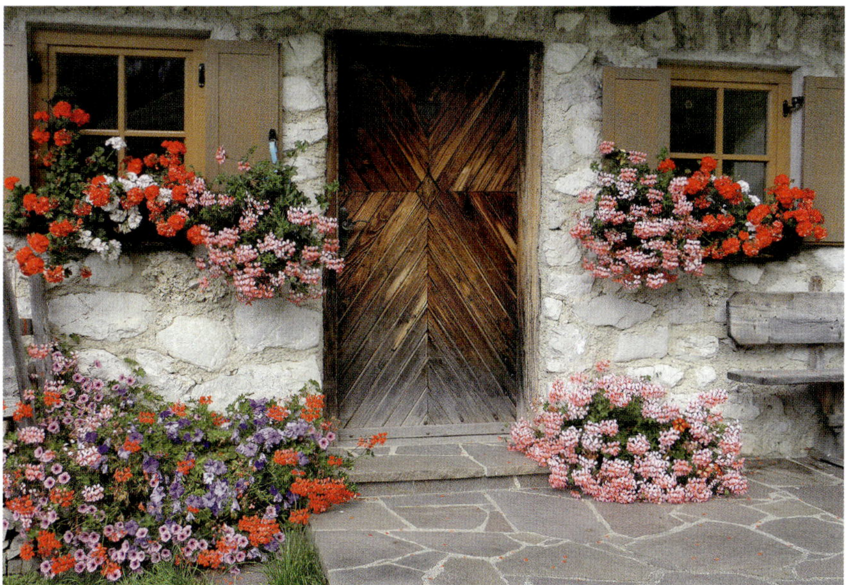

Geranienpracht vor der Schöberlalm

bergab, bevor linker Hand das Schild »Aschinger Alm 20 Minuten« uns den Weg bis dorthin auf einem breiten Schotterweg weist.

Von der Alm geht es nach der Einkehr an der Almkäserei rechter Hand Richtung »Aschau, Durchholzen«. An der nächsten Gabelung wandert man geradeaus mit dem Wegweiser »Durchholzen, Walchsee, Sommerrodelbahn« weiter, ebenso an der folgenden Gabelung, bis zur Mittelstation der Bergbahn, mit der Sie dann zu Tal fahren können. Eine weitere Abstiegsmöglichkeit ist im Übrigen bei den Wegalternativen aufgezeigt.

Wegalternativen

Leicht | Ab der Mittelstation zur Talstation der Bergbahn Zahmer Kaiser: teilweise steiler Almweg, 150 Hm Abstieg, 30 Min.
Leicht | Ab der Bergstation auf dem Rundweg Zahmer Kaiser bis zur Aschinger Alm, dann auf dem direkten Weg zurück zur Bergstation: bequemer Almweg, 100 Hm Auf- und Abstieg, 1 Std.
Leicht | Ab der Bergstation auf dem Direktweg ins Tal: bequemer, aber teilweise steiler Almweg, 330 Hm Abstieg, 1 Std.

Der Walchsee

Weitgehend unbekannt ist die Sage vom nahen Walchsee. Demnach waren zwei Bauern, die beide an einem angrenzenden Wald wohnten, verfeindet, so sehr, dass es ihren Kindern untersagt war, miteinander zu spielen. Bei einem Streit im Wald bekämpften sich die beiden schließlich. Der Himmel wurde dunkel, es begann zu blitzen und zu donnern. Auf einmal hörten die Familien der beiden Bauern einen lauten Knall. Dann wurde es rundherum still. An der Stelle, an der die Streithähne gekämpft hatten, entsprang nun eine Quelle, die nach und nach die Bäume überflutete und das Gebiet mit Wasser füllte. Fortan war der Wald verschwunden und es gab nur mehr einen großen See, den heutigen Walchsee. Die beiden Bauern wurden jedoch nie wieder gesehen. Der See mit seinem gleichnamigen Ort verrät nichts von seinem turbulenten Ursprungsmythos und liegt idyllisch im Kaiserwinkl sowie an den Abhängen des Zahmen Kaisers.

Auf einen Blick

GEHZEIT UND SCHWIERIGKEIT

Leicht | 1.15 Std. | 20 Hm Aufstieg, 210 Hm Abstieg | Bequemer Almweg

ROLLSTUHLGEEIGNET

Nein

AUSGANGS-/ENDPUNKT

Talstation Bergbahn Zahmer Kaiser (Parkplatz) bzw. Bushaltestelle »Walchsee/Durchholzen«

ANFAHRT

Bus & Bahn: Bahn München–Kufstein, Bus 4030 Richtung Kössen bis Haltestelle »Walchsee/Durchholzen«;
Auto: A 93 bis Oberaudorf, Richtung Kössen über Niederndorf nach Durchholzen und zur Talstation der Bergbahn Zahmer Kaiser

EINKEHR

Aschinger Alm, Tel. +43/(0)5373/431 08

KARTE

AV-Karte 1:25 000, Nr. 8 Kaisergebirge

INFORMATION

Tourismusverband Kaiserwinkl, Tel. +43/(0)501/100, www.kaiserwinkl.com; Bergbahn Zahmer Kaiser, Tel. +43/(0)5374/52 86, www.zahmerkaiser.com

TIPP

Besuchen Sie die hauseigene Almkäserei der Aschinger Alm (www.aschingeralm.at). Hier werden verschiedene Käsesorten aus reiner Almmilch hergestellt, ohne chemische Zusätze und Konservierungsmittel – die Kostprobe wird Ihnen auf der Zunge zergehen!

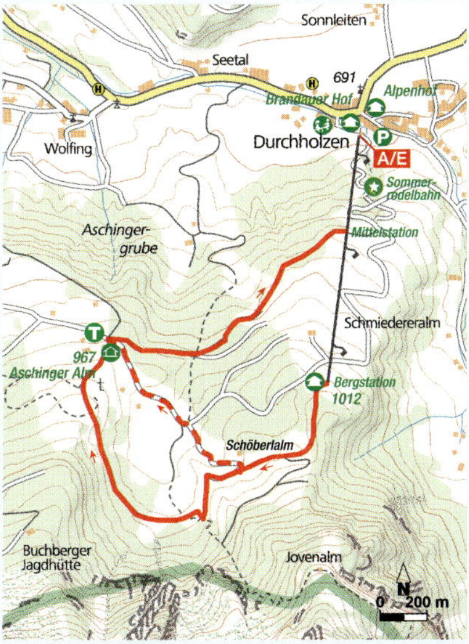

24

Von der Hochries zum Riesenberg

DEN CHIEMSEE-BLICK ALS WEGBEGLEITER

Einen Rundumblick der Extraklasse genießt man von dem Gipfel der Hochries, und die Tiefblicke auf den Chiemsee sind im Folgenden unser Wegbegleiter. Schön, dass die Hochriesbahn bis heute erhalten blieb und so weiterhin eine willkommene Aufstiegshilfe bietet.

Zu den Eigenheiten der Bahn gehört es, dass die erste Etappe der Bergfahrt im Sessellift zurückgelegt wird, bevor es dann mit der Gondel zum Gipfel hinaufgeht. Dort kann man besonders an föhnigen Tagen ein wunderbares Panorama genießen: Alle Berge rundherum sind zu sehen – im Osten steht die gesamte Parade der Chiemgauer Alpen, zu denen ja auch die Hochries gehört, weiter rechts sieht man die Berchtesgadener Alpen, die Loferer und die Leoganger Steinberge sowie den Kaiser mit seinen imposanten Zacken. Auf der anderen Seite des Inntals erheben sich rechter Hand Rofan, Karwendel und Mangfallgebirge. Ganz im Westen sieht man noch die Zugspitze. Und ein weiterer ganz prominenter Name aus den Hohen Tauern ergänzt dieses Amphitheater ganz im Süden: der mächtige Großglockner. Zudem ist der Blick nach Nordwesten ins Flachland einmalig. Legendär sind auch die Sonnenuntergänge hier oben!

Um es gleich vorwegzunehmen: Auf dieser Wanderung hat man es mit richtigen Wanderwegen zu tun, sprich: Es wird steinig. Aber durch den relativ geringen Höhenunterschied, verbunden mit den traumhaften Ausblicken zum

Chiemsee, war es mir ein Anliegen, diese Panorama-Tour mit in dieses Buch aufzunehmen.

Auf dem Riesenberg bietet sich erneut ein traumhafter Blick hinunter zum Chiemsee. Leider hat die gleichnamige Riesenhütte bis auf Weiteres ihre Pforten geschlossen, das Schicksal dieser liebenswerten Hütte bleibt offen.

Wegbeschreibung

Von der Bergstation der Hochriesbahn gehen wir ein Stück mit dem Wegweiser »Hochrieshütte« bergan. Dann wenden wir uns an der nächsten Gabelung des Wegs linker Hand hinunter Richtung Riesenhütte. Mit mittlerem Gefälle führt der Wanderweg eben dorthin. Etwa 200 Meter vor der Riesenhütte wandert man über offenes, gut begehbares Wiesengelände linker Hand bergauf, bis man den Bergkamm des Riesenbergs (unbeschildert) erreicht hat. Diesem folgt man auf einer Pfadspur in östlicher Richtung bis zum Gipfelkreuz. Der Rückweg zur Bergstation der Hochriesbahn entspricht dem Hinweg.

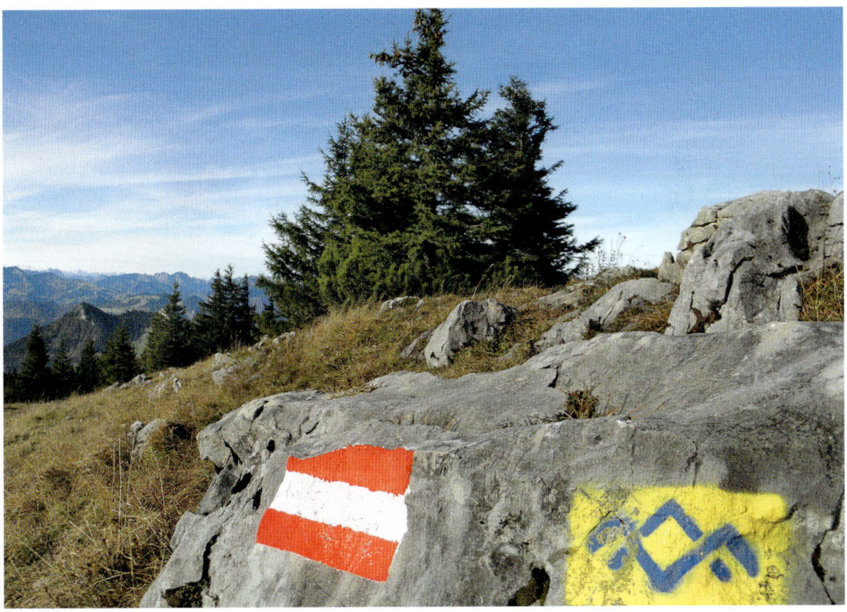

Wegmarkierung des Salzalpensteigs

Der Samerberg

Der Samerberg ist eine weite Hochfläche zwischen dem Inntal im Westen und dem Priental im Osten. Auf 600 bis 750 Metern Höhe liegen hier neben den beiden größten Orten Grainbach und Törwang viele kleine, idyllische Weiler und ein Feuchtgebiet, die Samerberger Filze. Oft ragt der Samerberg an sonnigen Herbsttagen aus einem riesigen Nebelmeer. Sein Name stammt von den sogenannten Säumern, zu bayerisch Samer. Diese zogen seit dem Mittelalter über das Hochplateau und übten so ihr Gewerbe aus: Sie beförderten vornehmlich Salz, aber auch Getreide, Wein und andere Güter aus Bad Reichenhall, Berchtesgaden und Traunstein auf Packpferden, Saumrosse genannt, über unwegsame Gebiete, die für Fuhrwerke nicht befahrbar waren, auf sogenannten Saumwegen. Um an das historische Gewerbe der Säumer zu erinnern, wurde 1997 der sogenannte Samerbrunnen in der Ortsmitte von Grainbach errichtet. Darin sieht man eine Pferdetränke in Form eines Hufeisens sowie die Bronzestatue eines Saumrosses samt Säumer beziehungsweise Samer. 1970 wurde die neue Gemeinde Samerberg durch den Zusammenschluss der bis dahin selbstständigen Gemeinden Törwang, Steinkirchen, Grainbach und Roßholzen gegründet.

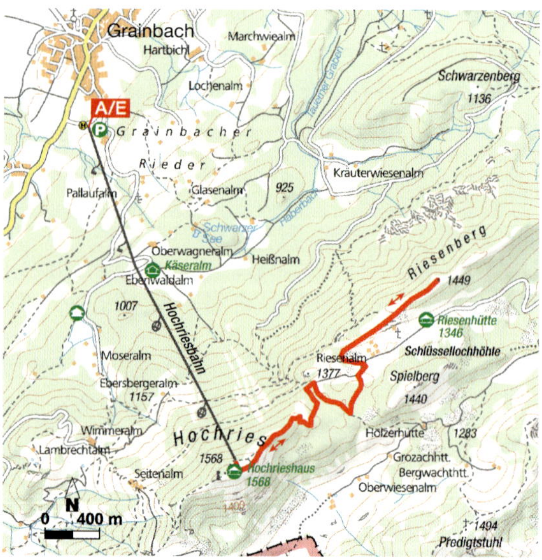

Auf einen Blick

GEHZEIT UND SCHWIERIGKEIT

Mittel | bis Riesenberg: 2 Std. | 330 Hm Auf- und Abstieg | bis Riesenhütte: 1.45 Std. | 230 Hm Auf- und Abstieg | Steinige Wanderwege, Wiesenpfad

ROLLSTUHLGEEIGNET

Nein

AUSGANGS-/ENDPUNKT

Talstation Hochriesbahn (Parkplatz) bzw. Bushaltestelle »Abzweig Hochriesbahn« bzw. »Hochriesbahn«

ANFAHRT

Bus & Bahn: Bahn München–Rosenheim, dann Bus 9493 bis Haltestelle Hochriesbahn, im Sommerfahrplan, nur an Sonn- und Feiertagen;
Auto: A8 München–Salzburg bis Ausfahrt Achenmühle, weiter nach Achenmühle und rechts über Grainbach den Wegweisern »Hochriesbahn« folgen bis zur Talstation

EINKEHR

Hochrieshütte, Tel. 08032/8210

KARTE

AV-Karte 1:25000, BY17 Chiemgauer Alpen West

INFORMATION

Gästeinformation Samerberg, Tel. 08032/989418, www.samerberg.de; Hochriesbahn, Tel. 08032/97550, www.hochriesbahn.de

TIPP

Nutzen Sie die weniger frequentierten Werktage – früh aufgestanden, können Sie sich ja auf der Hochrieshütte bei Sonne und Panoramablick ein zweites Frühstück oder eine deftige Brotzeit gönnen, bevor Sie loswandern. Denn dann sind Sie hier oben noch fast allein.

WEGALTERNATIVEN

Leicht | Ab der Mittelstation zur Talstation der Hochriesbahn: geteerte Nebenstraße mit angenehmem Gefälle, 220 Hm Abstieg, 45 Min.
Mittel | Ab der Bergstation auf den Karkopf: steinige Wanderwege, Bergpfad zum Gipfel, 150 Hm Auf- und Abstieg, 1.45 Std.

25

Unter der Kampenwand

VON DER BERGSTATION ZUR STEINLINGALM

Der Höhenweg zur Steinlingalm glänzt durch seine kontrastreichen Aussichten. Auf der einen Seite gibt es die Felsnadeln der Kampenwand zu bewundern, weit unten grüßt der weite Chiemsee, und ganz im Süden lugen die Eisriesen der Tauern hervor.

»Hans, dat machen wir lieber nicht«, sagt Erna Leudert aus Köln zu ihrem Mann, als sie mit dem Fernglas zwei Kletterer in der Kampenwand bewundert. Am Seil hängen die beiden Alpinisten in den senkrechten Felswänden und halten mehrere vorbeiziehende Wanderer in Atem. Nein, in die Wand muss auf dieser Wanderung letztlich keiner einsteigen, und auch die Wegalternative zur Kampenwand führt auf einem gut angelegten Steig hinauf. Trittsicherheit und Schwindelfreiheit werden dabei allerdings vorausgesetzt.

Auf dem beschriebenen Normalweg geht es auf einem bequemen Almweg hinüber zu Steinlingalm. Friedlich schlummert der Chiemsee tief unten im Flachland, nah und wild sind die zerklüfteten Felsnasen der Kampenwand, stets hoch oben zu sehen. Am Beginn der Wanderung nahe der Sonnenalm gibt es einen Aussichtspunkt nach Süden hin, mit Blick in die Berchtesgadener Alpen, zu den Loferer und Leoganger Steinbergen, zum Kaiser und in die Hohen Tauern. Die Ausblicke auf dieser Tour leben von ihren Kontrasten. Wunderbar, wanderbar!

Schon die Auffahrt mit der nostalgischen Kabinenbahn ist ein Erlebnis. Gelb, Blau und Rot liefern die Gondeln wunderbare Farbtupfen für alle, die auf besonders schöne Bildmotive aus sind, und unter den Felszacken sieht man auf der Fahrt mit zunehmender Höhe immer schöner den Chiemsee. Ob statt der 1965 erbauten Seilbahn mit den bunten Vierergondeln bald eine neue Bahn mit Achterkabinen auf die Kampenwand fahren soll, sorgt in der Region zumindest im Frühjahr 2023 noch für Diskussionen und Meinungsverschiedenheiten.

Wegbeschreibung

Von der Bergstation der Kampenwandbahn geht es zunächst mit dem Schild »Kampenwand über Steinlingalm« linker Hand vorbei an der Sonnenalm. In der Folge leitet uns das Schild »Steinlingalm« auf einem bequemen Almweg dorthin und zur Kapelle in der Nähe; dabei sind nur wenige Höhenmeter zu bewältigen.

Der Rückweg zur Bergstation der Kampenwandbahn entspricht dem Hinweg. Genießen Sie am Nachmittag die letzten Ausblicke zum Chiemsee, dann, wenn es hier oben ruhiger wird.

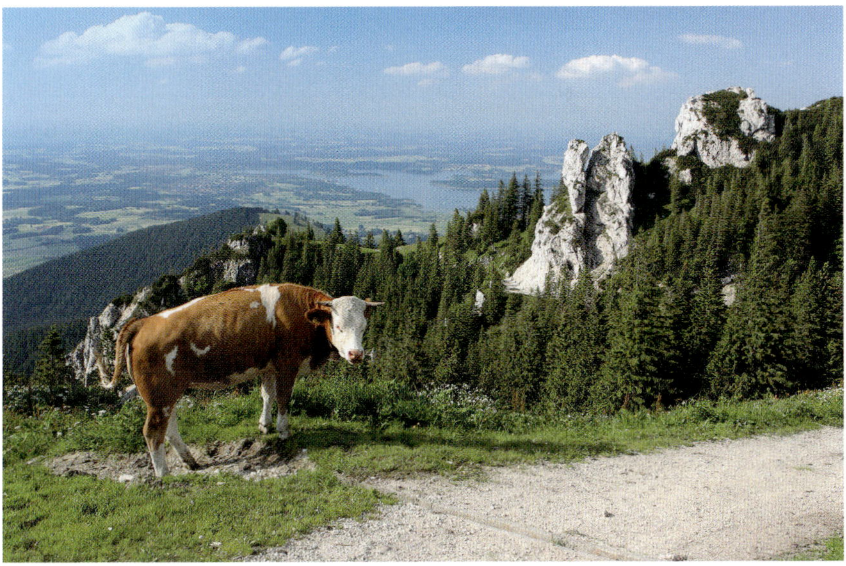

Mit der Kampenwandbahn ist man oben im Nu und die Kuh schaut dabei zu!

Der Chiemsee

Das wunderschöne Bayerische Meer erstreckt sich über eine Fläche von 79,9 km^2. Bekannt ist der Chiemsee nicht zuletzt durch seine Inseln. Auf der Insel Herrenchiemsee kann man zwei Schlösser bewundern: das Neue Schloss Herrenchiemsee, das Versailles nachempfunden und vom Märchenkönig Ludwig II. erbaut wurde, und das Alte Schloss. Letzteres steht im Landschaftspark der Insel und ist ein ehemaliges Kloster. Auf der Fraueninsel befindet sich die Abtei Frauenwörth, ein Kloster der Benediktinerinnen, das bereits 772 erbaut wurde. Die kleinere Krautinsel, die unbekanntere der drei größeren Inseln im See, ist unbewohnt. Viele Maler haben der Chiemsee mit seinen schönen Motiven und seine Umgebung im Chiemgau inspiriert. Als »Chiemseemaler« berühmt geworden sind etwa die einem Künstlerzirkel angehörenden Landschafts- und Genremaler. Den Chiemsee umgeben die größeren Orte Bernau, Prien, Gstadt und Seebruck, die allesamt von der Chiemsee-Schifffahrt angefahren werden.

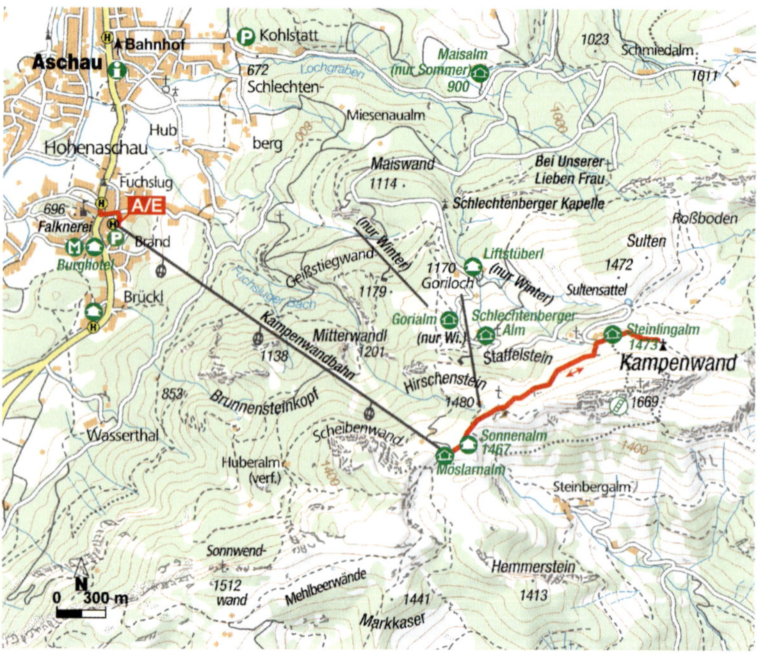

Auf einen Blick

GEHZEIT UND SCHWIERIGKEIT

Leicht | 1.15 Std. | 80 Hm Auf- und Abstieg | Bequeme Almwege

ROLLSTUHLGEEIGNET

Bergfahrt mit Mobilitätshilfe über die Stufen der Bergbahn, die den Transfer in die Gondel ermöglicht; Weg bis Sonnenalm (barrierefrei, aber ohne Behinderten-WC) auch möglich

AUSGANGS-/ENDPUNKT

Talstation Kampenwandbahn (Parkplatz) bzw. Bushaltestelle »Kampenwandbahn« oder »Schlosseinkehr/Kampenwand«

ANFAHRT

Bus & Bahn: Bahn München–Prien, Prien–Aschau, oder Bahn München–Bernau. Dann in beiden Fällen Bus 9502 Richtung Sachrang bis »Kampenwandbahn« oder »Schlosseinkehr/Kampenwand«;
Auto: A 8 München–Salzburg bis Frasdorf, weiter nach Aschau und über Sachrang bis Hohenaschau und zum Abzweig »Kampenwandbahn«

EINKEHR

Sonnenalm, Tel. 08052/44 11; Steinlingalm, Tel. 08052/29 62

KARTE

AV-Karte, BY 17 Chiemgauer Alpen West

INFORMATION

Tourist-Info Aschau, Tel. 08052/904 90, www.aschau.de; Kampenwandbahn, Tel. 08052/90 64 40 oder autom. Infotelefon 08052/906 44 20, www.kampenwand.de

WEGALTERNATIVEN

Mittel | Ab der Bergstation zur Hofbauernalm und wieder zurück: steigähnlicher Höhenwanderweg, 110 Hm Auf- und Abstieg, 2.30 Std.
Mittel | Ab der Bergstation über die Steinlingalm zur Kampenwand: bis zur Steinlingalm auf beschriebener Route, dann Steig zur Kampenwand, Trittsicherheit und Schwindelfreiheit erforderlich, 290 Hm Auf- und Abstieg, 3.30 Std.
Leicht | Ab der Bergstation zu Gorioder Schlechtenberger Alm und wieder zurück: bis zur Steinlingalm auf beschriebener Route, dann geteerter Weg, 260 Hm Auf- und Abstieg, 2.30 Std.

26

Auf dem Bergwalderlebnisweg Staffen

WEITBLICKE IN DIE CHIEMGAUER BERGWELT

Der Bergwalderlebnisweg Staffen ist ein neu angelegter Rundweg mit interessanten Themenstationen, wunderbaren Ausblicken in die Chiemgauer Bergwelt und schönen Entspannungsliegen aus Holz, auf denen man sich ausruhen kann. Genau das Richtige für Oma, Opa und die Enkel.

»Schau, Marie, hier siehst du den Chiemsee mit der Herreninsel«, sagt der Opa. Die kleine Marie meint daraufhin: »Dürfen denn dort nur Herren hin?« Der Opa erzählte seiner Enkelin alles über diese Insel, die dann zustimmend nickt, weil auch Frauen auf die Insel dürfen. Vom Aussichtspunkt Chiemsee kann man den See mit einem Fernrohr noch genauer betrachten. Daneben gibt es auf dem Rundweg interessante Themenstationen mit Infos rund um den Almkäse und zum Thema Wald. Klangbretter und ein Spechtbaum sind weitere Stationen.

Der Sessellift fährt gemütlich hinauf auf gut 1000 Meter Höhe, in einer Geschwindigkeit, die keinem Angst machen dürfte. Ja, man könnte sogar Blumen während der Fahrt pflücken, aber die wachsen natürlich etwas zu tief unten.

Auf der Staffn-Alm können Sie anschließend einkehren, entweder schon vor der Tour mit einer deftigen Mahlzeit oder am Nachmittag zu Kaffee und Kuchen. Bei dieser Aussicht schmeckt es noch mal so gut: Im Osten zeigt sich die hiesige Bergprominenz mit Hochgern und Hochfelln, den Paradebergen der Chiemgauer Alpen. Ein Stück weiter oben kann man noch die Pyramide des Sonntagshorn, des höchsten Bergs der Chiemgauer Alpen, und die Felsnase der Hörndlwand erblicken. Vom Aussichtspunkt Chiemsee schweift der Blick über den ganzen See mit seinen drei Inseln, der Herren- und der Fraueninsel und der kleinen Krautinsel dazwischen. Vom Aussichtspunkt Kampenwand sieht man genau jene, daneben die Gedererwand und den Reifenberg. Wahrlich aussichtsreiche Momente auf einer schönen Rundwanderung.

Wegbeschreibung

Von der Haltestelle »Marquartstein-Rathaus« wenden sich Bahn-und Busfahrer der Loitshauser Straße zu (Wegweiser »Hochplattenbahn«). Dann geht es linker Hand in den Niedernfelser Weg. Der gewohnte Wegweiser und die Hinweise »Wanderwege« leiten uns zur Schloßstraße. Dieser folgt man linker Hand, dann im Weiteren der Dorfstraße, vorbei am Schloss Niedernfels und hinauf zur Talstation der Hochplattenbahn. Ein Alternativweg führt zuvor schon gut beschildert ebenso zur Talstation, wo dann auch alle mit dem Auto Angereisten die Tour beginnen. Nach Auffahrt mit dem Sessellift wenden wir uns von der Bergstation der Hochplattenbahn in westlicher Richtung dem Wegweiser »Bergwalderlebnisweg Staffen« zu, der uns auch in der Folge leiten

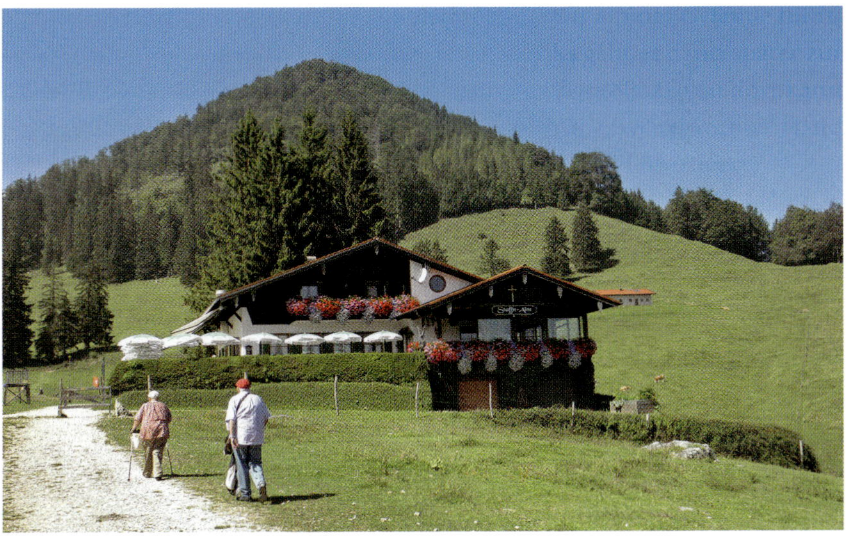

Nur einen Katzensprung von der Bergstation entfernt liegt die Staffn-Alm.

wird, weshalb er nicht mehr extra erwähnt wird. So geht es vorbei an der Staffn-Alm über eine Bergwiese. Dann leitet uns das Schild »Wanderwege« einmal rechter Hand, und an der nächsten Weggabelung geht es dann mit dem gewohnten Wegweiser neuerlich rechter Hand um die Nordseite des Berges. Etliche Themenstationen können besichtigt werden, zudem geht es vorbei an den Aussichtspunkten mit Blicken zu Chiemsee, Kampen- und Gedererwand.

Am Ende des Wegs hält man sich an einer Weggabelung rechts, nun mit dem Schild »Hochplattenbahn«, dem jetzt bis zur Bergstation gefolgt wird. So wandert man an der nächsten Gabelung geradeaus, dann führt uns das Schild »Wanderwege« linker Hand bergab. An der nächsten Gabelung orientiert man sich neuerlich links, nun wieder mit dem gewohnten Schild »Hochplattenbahn«, und läuft weiter bergab bis zur Bergstation.

Bauwerke und Berühmtheiten in Marquartstein

Das idyllische Marquartstein liegt im Tal der Tiroler Ache, die den Ort in einen westlichen und einen östlichen Teil scheidet. In letzterem steht in der Burgstraße ein Landhaus, in dem der Komponist Richard Strauss seine wichtigsten Werke schuf. An seinen Aufenthalt in Marquartstein erinnert noch heute eine Gedenktafel. Im »Hofwirth zur Post« soll er regelmäßig gesehen worden sein, einem der ältesten Gebäude des Ortes, das in den 1990er-Jahren saniert wurde. Die Katholische Pfarrkirche »Zum Kostbaren Blut« mit schönen Freskenmalereien stammt aus dem Jahr 1935. Im Jahre 1075 wurde die Burg Marquartstein, die dem Ort ihren Namen verlieh, durch den Chiemgaugrafen Marquart II. gegründet. Nach unterschiedlichen Besitzwechseln war die Burg zuletzt vom Münchner Kunsthändler Konrad O. Bernheimer gekauft worden.

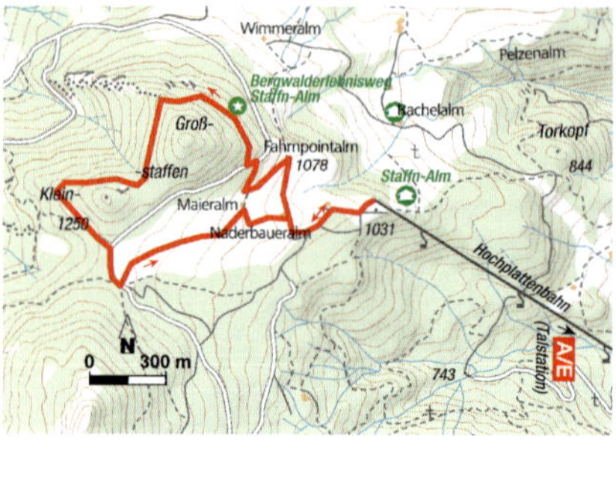

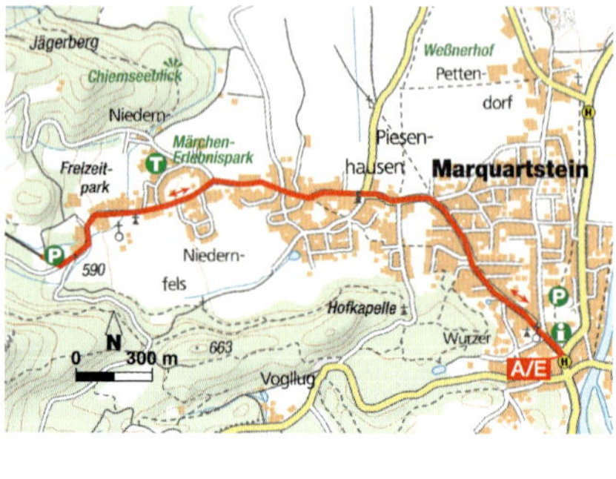

Auf einen Blick

GEHZEIT UND SCHWIERIGKEIT

Leicht | Auto: 1.30 Std | 160 Hm Auf- und Abstieg | Bahn: 2.45 Std. | 200 Hm Auf- und Abstieg | Bequemer Almweg

ROLLSTUHLGEEIGNET

Nein

AUSGANGS-/ENDPUNKT

Talstation Hochplattenbahn (Parkplatz) bzw. Bushaltestelle »Marquartstein-Rathaus«

ANFAHRT

Bus & Bahn: Bahn München–Prien, Bus 9505 Richtung Reit im Winkl bis Haltestelle »Marquartstein-Rathaus«. Oder: Bahn München–Übersee, dann Bus 9509 Richtung Reit im Winkl bis »Marquartstein-Rathaus«;
Auto: A8 München–Salzburg bis Ausfahrt Bernau, über Rottau und Grassau nach Marquartstein, dort in die Loitshauserstraße und den Wegweisern zur »Hochplattenbahn« folgen

EINKEHR

Staffn-Alm, Tel. 08641/7740

KARTE

AV-Karte 1:25 000, BY17 Chiemgauer Alpen West (Marquartstein-Ortsmitte nicht enthalten)

INFORMATION

Tourist-Info Marquartstein, Tel. 08641/5979111, www.marquartstein.de; Hochplattenbahn, Tel. 08641/7216, www.hochplattenbahn.de

TIPP

Einen krönenden Abschluss gibt es für Großeltern und die Enkel im Märchenpark Marquartstein. Gaudigondel, Hexenwelt und eine Sommerrodelbahn sind hier nur einige der zahlreichen Attraktionen (Märchenpark Marquartstein, Tel. 08641/7105, www.maerchenpark.de).

WEGALTERNATIVEN

Leicht | Ab der Talstation zur Bergstation der Hochplattenbahn und zurück: steil ansteigender Forstweg, 430 Hm Auf- und Abstieg, 2 Std.
Leicht | Ab der Bergstation auf die Piesenhausener Hochalm (bewirtet): steil ansteigender Forstweg, 350 Hm Auf- und Abstieg, 2 Std.

27

Auf dem Unterberg bei Kössen

PANORAMARUNDWEG ÜBER DEM CHIEMGAU

Mehr Panorama geht nicht: der Kaiser, die Chiemgauer Alpen und tief unten der Walchsee. Der schöne Rundweg an den Nordhängen des Unterberghorn lässt die Wanderherzen höherschlagen. Statt der Gondel können Sie auch mit dem Tandem-Paraglider hinunterfliegen – kein Witz!

»Karl-Heinz, ich geh auf dem breiten Weg hinunter, du kannst ja über die Wiesen zur Bärenhütte absteigen. Wir treffen uns dort!« So ein Rundweg hat auch seine Vorteile, meinte ein Ehepaar aus Nordrhein-Westfalen.

Schnell gewinnt die Gondel bei der Auffahrt an Höhe und gibt den Blick in die Bergwelt frei. Von Norden her grüßen Geigelstein und Kampenwand herüber. Im Osten ist die Steinplatte ganz nah, dahinter bauen sich die Loferer Steinberge auf. Nach Westen hin erblickt man den Kaiser, und der tiefe Taleinschnitt im Gebirge unterteilt den Zahmen und den Wilden Kaiser. Ganz tief unten sieht man den Walchsee mit der Ortschaft Kössen, und an klaren Tagen schweift der Blick ganz nach Westen, zum Brünnstein über dem Inntal sowie etwas weiter rechts zum Wendelstein. Dieses Panorama lässt nichts zu wünschen übrig.

Kulinarisch können Sie sich in der Bärenhütte verwöhnen lassen. Luxusliegen vor dem Haus eignen sich für ein Päuschen nach der Tour. Alle, die es etwas uriger wollen, sind dann am Gipfelhaus gut aufgehoben: Reggae-Musik oder auch mal die »Gipsy Kings« verleihen der Hütte einen ganz eigenen Charme.

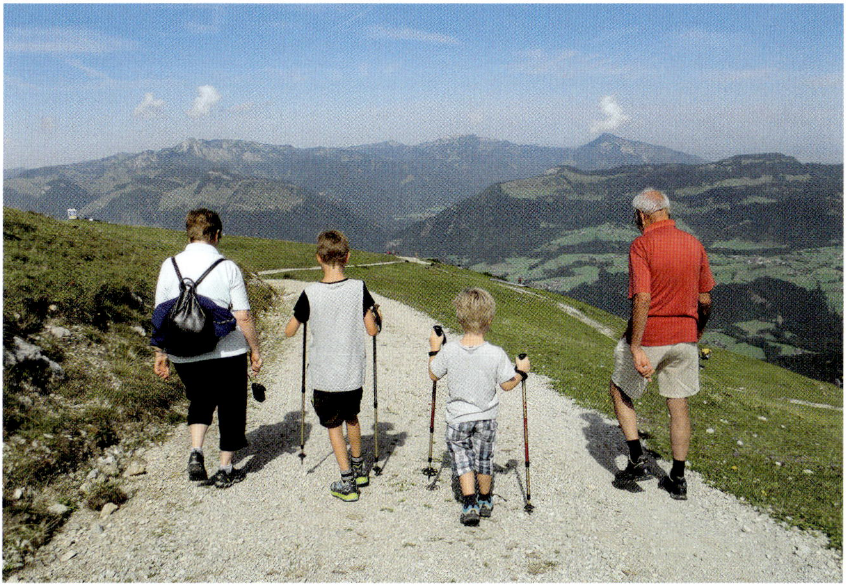

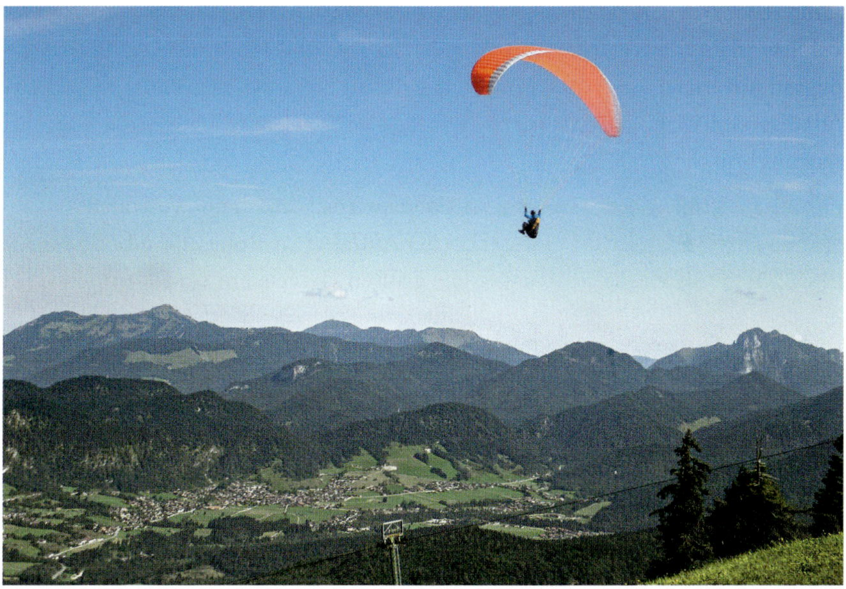

▲ Oma, Opa und die Enkel beim Abstieg, mit Panoramablick in die Bergwelt der Chiemgauer Alpen
▼ Paraglider vor den Chiemgauer Alpen

Wegbeschreibung

Von der Bergstation aus geht es zur Bärenhütte wenige Meter bergauf. Dort wendet man sich nach links mit dem Schild »Panoramatour 1« und wandert auf einem bequemen Almweg bergauf. Diesem Wegweiser folgt man an der nächsten Gabelung rechter Hand weiter bergauf. So gelangt man zum Gipfelhaus. Dort wendet man sich mit dem gewohnten Wegweiser nun über die Bergwiesen bergab, parallel zu einem Sessellift. Die letzten Meter geht es dann schließlich auf dem gewohnten Weg wieder zurück zur Bärenhütte und weiter zur Bergstation, wo man wieder abfährt. Alle, die nicht so gern über die Bergwiesen bergab laufen, können natürlich auch auf der gewohnten Aufstiegsroute absteigen.

Wegalternativen

Mittel | Ab der Bergstation auf dem Normalweg zum Gipfelhaus und weiter auf dem Weg Nr. 4 zum Unterberghorn: zunächst bequemer Almweg bis zum Gipfelhaus, dann schmaler Bergsteig, 300 Hm Auf- und Abstieg, 2.30 Std.
Mittel | Ab der Bergstation zur Talstation: bequemer Almweg, teilweise steil – zunächst von der Bergstation aus rechts auf Weg Nr. 2, dann auf Weg Nr. 3, im weiteren Verlauf auf Weg Nr. 5 dem Schild »Talstation« folgen, 860 Hm Abstieg, 2.30 Std.

Wallfahrtskirche Maria Klobenstein

Die Kirche Maria Klobenstein liegt nur wenige Autominuten von Kössen entfernt in Richtung Schleching, etwa 50 Meter hinter der Grenze zwischen Bayern und Tirol. Der Legende nach wurde hier eine Frau vom Schlamm- und Geröllstrom einer Mure überrascht. Sie schickte Stoßgebete zur Mutter Gottes und tatsächlich spaltete sich direkt vor ihr ein gewaltiger herabstürzender Felsen, sodass sie mit dem Leben davonkam. Ein Teil des Quellwassers, das dem »geklobenen« Felsen entspringt, wird in die kleine Lourdeskapelle geleitet und erfreut dort bis heute zahlreiche Besucher, die dem Wasser eine gewisse heilende Wirkung zusprechen. Die Wallfahrtskirche ist ein besonderer Ort, der zusammen mit dem Wirtshaus Klobenstein, einer ehemaligen Einsiedelei, schon viele Reisende und Pilger erfreut hat und sich ideal für eine Einkehr anbietet.

Auf einen Blick

GEHZEIT UND SCHWIERIGKEIT

Leicht | 1.30 Std. | 200 Hm Auf- und Abstieg | Bequemer Alm- und Wiesenweg

ROLLSTUHLGEEIGNET

Auffahrt mit Gondel mit Mobilitätshilfe möglich, Rollstuhl muss ggf. je nach Breite zusammenklappbar sein; WC der Bärenhütte rückwärtig erreichbar, kein Behinderten-WC; Weg von der Bergstation zur Bärenhütte über Zufahrtsstraße möglich

AUSGANGS-/ENDPUNKT

Talstation Bergbahnen Kössen

ANFAHRT

Bus & Bahn: Bahn München–Kufstein, Bus 4030 nach Kössen bis »Unterberghornbahn«;
Auto: A93 Inntalautobahn bis Oberaudorf und über Niederndorf und Walchsee nach Kössen zur Talstation

EINKEHR

Bärenhütte, Tel. +43/(0)5375/62 26 39, www.baerenhuette-koessen.at; Gipfelhaus Unterberghorn, Tel. +43/(0)664/252 99 93

KARTE

Freytag & Berndt 1:50 000, WK 301 Kufstein/Kaisergebirge/Kitzbühel

INFORMATION

Tourismusverband Kaiserwinkl, Tel. +43/(0)501/100, www.kaiserwinkl.com; Bergbahnen Kössen, Tel. +43/(0)5375/62 26, www.bergbahnen-koessen.at

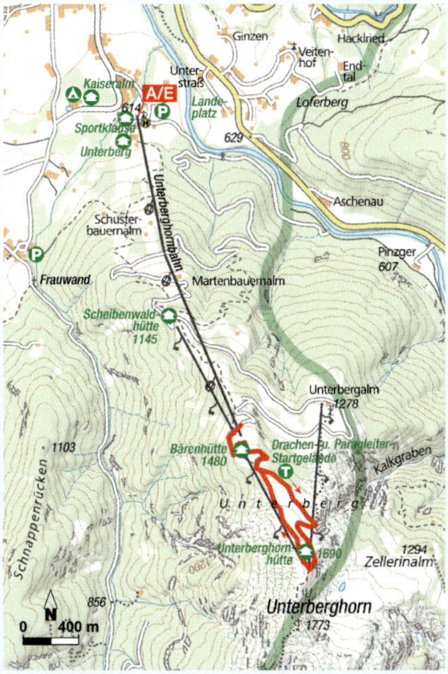

28

Vom Winklmoos zur Möseralm

ROMANTISCHE GRENZ-GÄNGERTOUR DURCHS MOOS

Die Winklmoosalm weckt in jedem Chiemgauer innige Heimatgefühle. Zu Recht, denn die Hochfläche nahe Reit im Winkl bietet ganz eigene Stimmungsbilder und lädt zu ausgedehnten Höhenwanderungen ein.

Nicht wundern, es gibt hier zwar eine noch recht neue Bergbahn, aber die fährt nur in der Wintersaison. Zu ruhig ist es hier im Sommerhalbjahr, als dass sich der Betrieb lohnen würde. Deshalb geht es mit dem Linienbus oder mit dem Pkw hinauf zur Winklmoosalm. Oben angekommen, schweift der Blick zur Steinplatte im Süden, rückwärtig erhebt sich das Dürrnbachhorn. Dazwischen liegt die bezaubernd moorige Hochfläche der Winklmoosalm. Die Route verläuft von dort über einen romantischen Moorsteg hinauf zur Möseralm.

Steigt man nach der Einkehr noch einige Meter romantisch weiter zum See auf (zugegeben, der ist für die Schneekanonen da), erhebt sich rundherum ein Alpenpanorama, das man nicht alle Tage vor sich hat: Die Reiteralpe zeigt sich im Osten mit ihren Felsburgen, dem Wagendrischelhorn und dem Stadelhorn; im Westen geht der Blick vom Kitzbüheler Horn hinüber zum Kaiser, dann folgen die Chiemgauer Alpen.

Wem es auf dem Moorsteg zu rutschig ist (vor allem nach Regenfällen), der kann auch die Light-Variante der Tour über einen bequemen, leicht ansteigenden Forstweg nehmen (s. dazu bei den Wegvarianten Nr. 1). Für beide Touren gilt: Oben auf der Möseralm ist man bestens kulinarisch versorgt!

Wegbeschreibung

Von der Haltestelle und vom Parkplatz Winklmoosalm folgt man in südöstlicher Richtung den Wegweisern »Moar Lack, Möseralm«, vorbei an den Gasthöfen der Winklmoosalm. Auf einem geteerten Nebenweg gelangt man zu einer Weggabelung. Hier geht es rechter Hand mit dem Wegweiser »Möseralm« weiter, ebenso an der darauffolgenden Gabelung. Am nächsten Abzweig wandert man nun rechts bergauf mit dem Schild »Möseralm 1:00«, vorbei an einem Radl-Verbotsschild. Der Weg führt am Waldrand bergan (Schild »Scheibelberg, Kammerköhr, Steinplatte«) und mündet in einen längeren Moorsteg, an dessen Ende man dem Weg weiter am Waldrand bergauf bis zum Ende des Roßalmsessellifts folgt. Hier wendet man sich nach links (Wegweiser

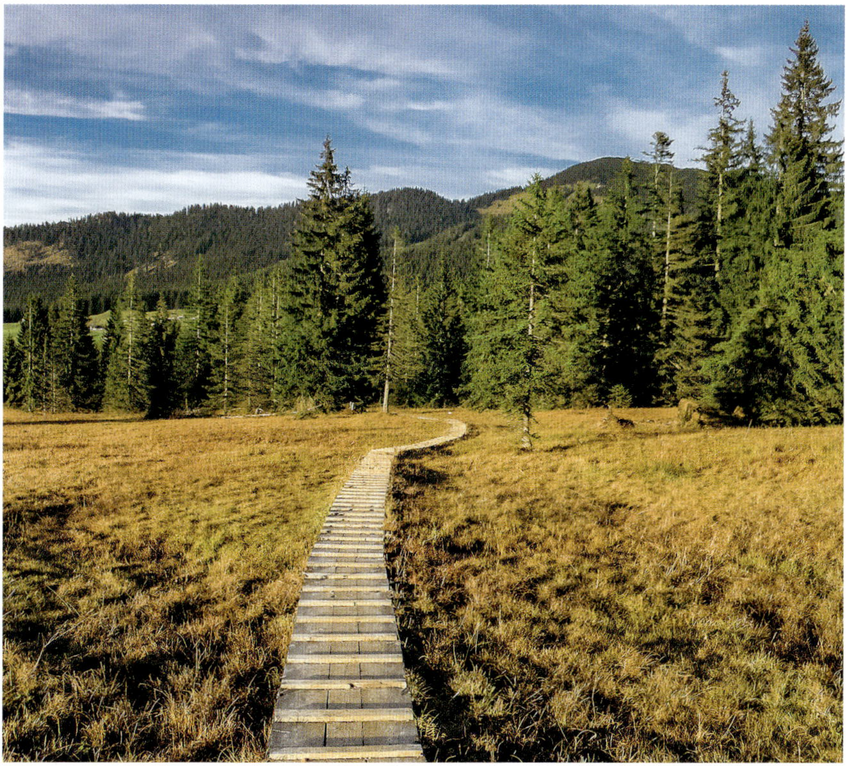

Romantischer Bohlenweg für Grenzgänger von Tirol nach Bayern

»Möseralm Forstweg«) und wandert nach etwa 100 Metern dann rechter Hand weiter Richtung Möseralm. In einigen Kehren windet sich der Forstweg durch den Wald leicht bergan. Der Abzweig rechter Hand zum Dreiländereck wird ignoriert und bald die Möseralm erreicht.

Nach der Einkehr folgt man, nun ohne Beschilderung, dem Almweg weiter bergan. Am nächsten Abzweig geht man rechts und kommt so an einen Speichersee. Noch ein kurzes Stück wandert man auf dem Almweg weiter bergauf, nun in nördlicher Richtung, bis zur Bergstation der Sesselbahn Schwarzlofer. Nochmals überwindet man auf diesem Weg einige Höhenmeter zur nahe gelegenen Moserliftbergstation. Hier geht man links auf einem Wiesenpfad Richtung Winkelmoos. Das Schild dient hier eigentlich nur den Skifahrern. Dann wendet man sich an der Scheibelbergstation nach rechts auf den Almweg und wandert bergab in Richtung Möseralm. Nach wenigen Metern gelangt man an den Abzweig »Winklmoos, Seegatterl«, dem man nach links folgt und damit auf der Aufstiegsroute bergab zurück nach Winklmoos läuft.

Hinweis: Noch einmal, gerade für den Abstieg, sei gesagt: Wem der Moorsteg zu rutschig ist, der sollte auf dem leicht abfallenden Forstweg über die Wegkreuzung Tanzanger zurück zur Winklmoosalm wandern.

Wegalternativen

Leicht | Ab der Winklmoosalm zur Möseralm: Forstweg mit leichter Steigung/leichtem Gefälle – zunächst den Wegweisern »Möseralm«, »Muckklause« folgen, an der Wegkreuzung Tanzanger im Wald dann rechter Hand zur Möseralm, 290 Hm Auf- und Abstieg, 3.30 Std.
Leicht | Ab der Winklmoosalm nach Moar-Lack und wieder zurück: Forstweg mit leichter Steigung/leichtem Gefälle, 90 Hm Auf- und Abstieg, 3.30 Std.
Mittel | Mit der Nostalgiesesselbahn hinauf Richtung Dürrnbachhorn, weiter auf den Gipfel und wieder zurück: teils steiler Wanderweg mit Steinen und Wurzeln, 170 Hm Auf- und Abstieg, 1 Std.

Auf einen Blick

GEHZEIT UND SCHWIERIGKEIT

Mittel | 3 Std. | 270 Hm Auf- und Abstieg | Bequemer Almweg, Moorsteg

ROLLSTUHLGEEIGNET

Auf der Forstwegroute (s. auch Wegalternative Nr. 1) zur Möseralm bis zur Wegkreuzung Tanzanger und zurück

AUSGANGS-/ENDPUNKT

Winklmoosalm (Haltestelle und Parkplatz)

ANFAHRT

Bus & Bahn: Bahn München–Salzburg bis Prien, in Prien Bus 9505 nach Reit im Winkl, in Reit im Winkl Bus 9506 Richtung Inzell bis nach Seegatterl, in Seegatterl Bus 9507 zur Winklmoosalm; **Auto:** A 8 München–Salzburg bis Ausfahrt Bernau, weiter nach Reit im Winkl, dann Richtung Inzell nach Seegatterl und weiter zur Winklmoosalm (Mautstraße)

EINKEHR

Mehrere Gasthöfe auf der Winklmoosalm; Möseralm, Tel. +43/(0)5353/52473

KARTE

AV-Karte 1:25 000, BY 18 Chiemgauer Alpen Mitte

INFORMATION

Tourist-Info Reit im Winkl, Tel. 08640/800 20, www.reitimwinkl.de

TIPP

Wenn Sie einige Tage auf der Winklmoosalm verbringen, können Sie auch alle angegebenen Touren erwandern. Es gibt mehrere schöne Unterkunftsmöglichkeiten hier (www.reitimwinkl.de).

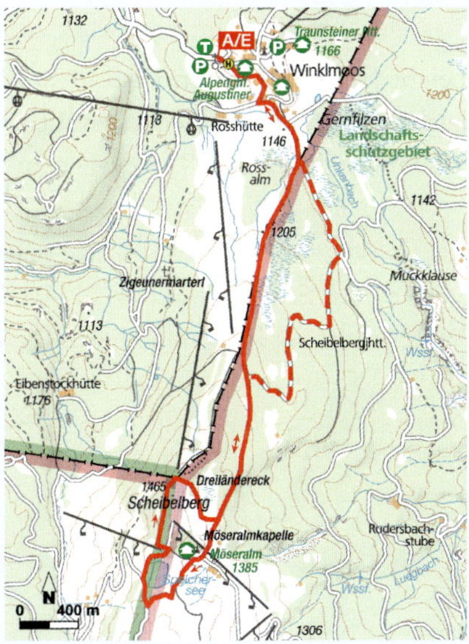

29

Auf dem Predigtstuhl

MIT DER »GRANDE MADAME«
HINAUF IN ALTE ZEITEN

»Gestatten, Grande Madame – ich bringe Sie in 9 Minuten hinauf in die gute alte Zeit.« Manch einer von Ihnen wird sich vielleicht noch an diese Epoche erinnern. Hier oben lebt sie wieder auf, in der Gondel wie im Restaurant der Bergstation.

Die Türen der Gondel schließen, das Signal zur Abfahrt erklingt, und schon beginnt die Zeitreise. Dabei öffnet sich der Blick auf eine traumhafte Bergwelt: Über Bad Reichenhall erhebt sich der Hochstaufen, und man scheint förmlich über dem Saalach-Stausee zu fliegen. Dahinter sieht man das Müllnerhörndl mit der Reiteralpe, und an klaren Tagen schweift der Blick durchs Saalachtal bis hin zu den Loferer Steinbergen.

Die berühmte Predigtstuhlbahn bringt seit 1928 ihre Fahrgäste hinauf zum Predigtstuhl. Sie ist die älteste im Original erhaltene und ganzjährig verkehrende Großkabinenseilbahn der Welt und lässt schnell ein Gefühl der Nostalgie aufkommen. Wenn man aus der alten Gondel aussteigt, wartet auch schon das nächste Highlight: das gleich neben der Bergstation gelegene Bergrestaurant mit Caféterrasse. Im Glanz und Charme alter Zeiten wird auch Ihnen vielleicht die eine oder andere Geschichte hier oben wieder einfallen. Schon mal im Kaminzimmer zu Mittag gegessen? Das Bergrestaurant steht wie die Predigtstuhlbahn unter Denkmalschutz und geizt auch nicht mit fantastischen Ausblicken.

Dann sollte es aber losgehen. Auf einem angenehmen Rundweg erreichen Sie in einer guten Viertelstunde die urige Almhütte Schlegelmulde. Hier kann man natürlich genauso einkehren. Dann folgt der kurze Aufstieg zum Gipfel des Predigtstuhls, wo einem Salzburg und Bad Reichenhall quasi zu Füßen liegen, umrahmt von den Berchtesgadener und den Chiemgauer Alpen. Besonders sticht hier die Hochfläche des sagenumwobenen Unterbergs ins Auge. Auch der Hochstaufen, der Zwiesel und das Sonntagshorn grüßen herüber.

Nun ist es nicht mehr weit bis zur Bergstation, wo man noch einmal die Fahrt mit der Gondel hinunter ins Tal genießen darf. Ein Tag, an dem Sie in alten Zeiten schwelgen durften, geht so zu Ende. Übrigens, wer den Watzmann in seiner ganzen Pracht sehen will, der muss schließlich noch ein Stück weiter hinauf: von der Almhütte Schlegelmulde aus auf einem Wanderweg bis zum Hochschlegel.

Wegbeschreibung

Von der Bahnstation laufen Bahnfahrer durch die Unterführung und weiter über die Saalachbrücke. Danach geht man ein Stück linker Hand auf dem Uferweg an der Saalach entlang und den Wegweisern »Bergstation

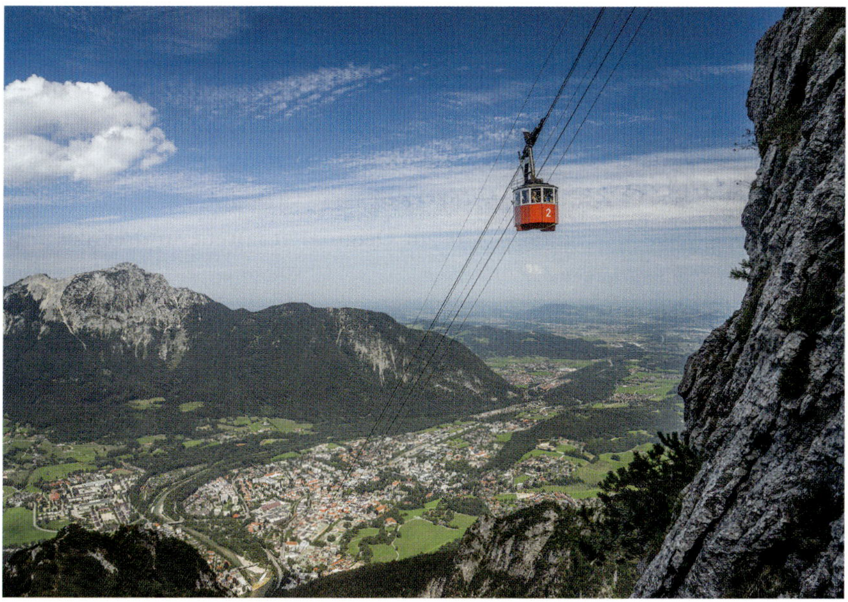

Atemberaubende Tiefblicke hat man bei der Auffahrt zum Predigtstuhl.

Predigtstuhlbahn« folgend. Hier ist der Ausgangspunkt auch für alle mit dem Auto Angereisten. Nach der Auffahrt mit der Predigtstuhlbahn folgt man dem Wegweiser »Almhütte Schlegelmulde« auf dem rechten Weg. Weitgehend eben ist man schon in einer guten Viertelstunde dort angelangt. Von hier geht es nun hinauf zum Predigtstuhl.

Nachdem man die Aussicht hier oben genossen hat, ist im Abstieg schließlich auch bald wieder die Bergstation der Predigtstuhlbahn erreicht.

Wegalternativen

Mittel | Ab der Bergstation über den Hochschlegel zum Karkopf und wieder zurück: Wanderweg mit Steinen und Wurzeln, teils auch steigähnlich, 220 Hm Auf- und Abstieg, 2 Std.
Mittel | Ab der Bergstation über den Hochschlegel zum Dreisesselberg und wieder zurück: Wanderweg mit Steinen und Wurzeln, teils auch steigähnlich, 280 Hm Auf- und Abstieg, 3 Std.
Hinweis: Beide Wegalternativen lassen sich miteinander kombinieren. Ins Tal führende Wanderungen werden aber aufgrund der langen und teilweise schwierigen Wege hier nicht aufgeführt.

Alte Saline Bad Reichenhall

Nur wenige Autominuten von der Talstation der Predigtstuhlbahn entfernt und für Bahnfahrer in 15 Minuten gut zu Fuß zu erreichen, befindet sich im Zentrum von Bad Reichenhall die Alte Saline. Nach einem verheerenden Stadtbrand im Jahr 1834, der die Saline zerstörte, ließ König Ludwig I. sie am selben Standort neu errichten. Im prachtvollen Industriedenkmal des Hauptbrunnenhauses sind heute die historischen Salzquellen und das Salzmuseum zu finden. Unter Tage sprudeln die Solequellen in weit verzweigten Stollen, oberhalb drehen sich über Tage die riesigen Wasserräder mit ihrem mystischen Läuten: Alle 17 Sekunden, nach einer vollendeten Umdrehung der Wasserräder, gibt eine Glocke ein akustisches Zeichen ab, das den ordnungsgemäßen Ablauf signalisiert. Die Salzproduktion selbst findet schon lange in der modernen Saline Bad Reichenhall unweit der Alten Saline statt. Informationen zu den Besichtigungszeiten finden Sie unter www.alte-saline.de.

Auf einen Blick

GEHZEIT UND SCHWIERIGKEIT

Leicht | Auto: 0.45 Std | Bahn: 1.30 Std. | 50 Hm Auf- und Abstieg | Bequeme Spazier- und Wanderwege

ROLLSTUHLGEEIGNET

Nein

AUSGANGS-/ENDPUNKT

Bahnhof Bad Reichenhall/Kirchberg bzw. Parkplatz Predigtstuhlbahn

ANFAHRT

Bus & Bahn: Bahn München–Salzburg bis Freilassing, weiter mit der Bahn nach Berchtesgaden bis Bad Reichenhall-Kirchberg; **Auto:** A 8 München–Salzburg bis Ausfahrt Bad Reichenhall, weiter in den Ort zur Predigtstuhlbahn

EINKEHR

Bergrestaurant Predigtstuhl, Tel. 08651/96 85 14; Almhütte Schlegelmulde, Tel. 08651/96 85 13

KARTE

AV-Karte 1:25 000, BY 20 Lattengebirge/Reiteralm

INFORMATION

Tourist-Info Bad Reichenhall, www.bad-reichenhall.de

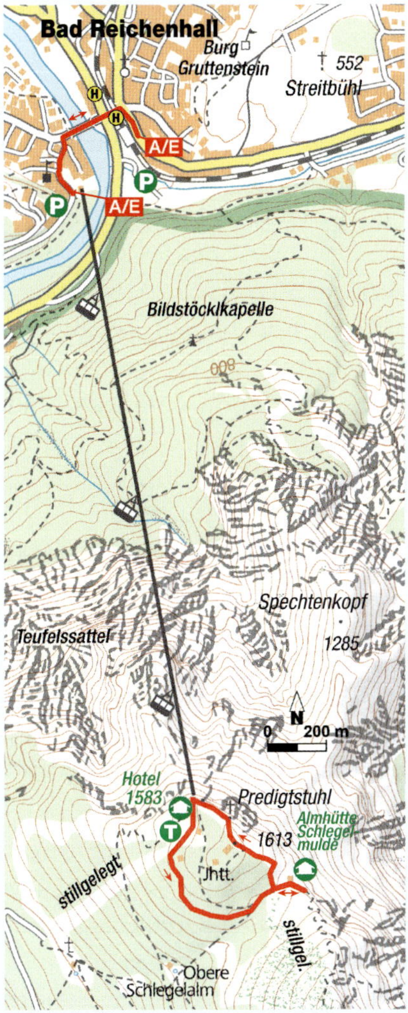

30

Auf den Jenner

WATZMANN-BLICK ÜBER DEM KÖNIGSSEE

Traumhafte Ausblicke gibt es vom Jenner über den Königssee hinüber zum Watzmann, umrahmt von der Kulisse der Berchtesgadener Alpen, zu genießen. Zwei Hütten bieten sich auf der anschließenden Wanderung zur Einkehr an.

Von der Bergstation beginnt man die Tour mit einem Abstecher zum Jennergipfel. Was für eine Aussicht, die der 1874 Meter hohe Berg zu bieten hat! Man sieht die Ausflugsboote tief unten auf dem Königssee fahren, der sich wie ein norwegischer Fjord in die Berge der Berchtesgadener Alpen eingegraben hat. Wie kleine Papierschiffe liegen die Boote auf dem tiefgrünen Wasser. Dahinter baut sich der mächtige Gebirgsstock des Watzmann mit der berüchtigten Ostwand auf – viele Bergsteiger haben sich an ihr schon versucht und mussten hier ihr Leben lassen. Weiter rechts grüßen Lattengebirge und der sagenumwobene Unterberg herüber. Der Berchtesgadener Hochthron und der Salzburger Hochthron sind die aussichtsreichen Begrenzungen dieser Gebirgsgruppe. Ein Stück weiter rechts ist die Felsenburg des Hohen Bretts ganz nah. Klar, für diesen Ausblick sollte man den Fotoapparat dabeihaben. Wer nur die Gipfelaussicht genießen will, kann auf dem Rückweg vom Gipfel im Restaurant der Bergstation einkehren. Alle anderen erreichen auf dem beschriebenen Normalweg in einer guten halben Stunde das Schneibsteinhaus oder auch das Carl-von-Stahl-Haus zur Mittagseinkehr. Dann geht es wieder zurück zur Bergstation und mit der Jennerbahn hinab ins Tal. Bei der Abfahrt mit der Seilbahn, können Sie die Tiefblicke in den Talkessel um Berchtesgaden noch einmal genießen. Ein aussichtsreicher Wandertag geht so zu Ende.

Wegbeschreibung

Von den Parkplätzen am Königssee wendet man sich mit dem Wegweiser »Jennerbahn« ostwärts. Hier ist auch die Bushaltestelle für alle, die mit öffentlichen Verkehrsmitteln angereist sind. An der Talstation geht es mit der Jennerbahn hinauf. Bleiben Sie dabei an der Mittelstation sitzen und setzen die Fahrt bis zur Jenner-Bergstation fort. Von dort orientiert man sich am Wegweiser »Jenner« bis zum Gipfel. Nachdem man die Aussicht ausgiebig genossen hat, geht es zur Bergbahn zurück. Auf deren Rückseite wandert man mit den Wegweisern »Schneibsteinhaus« zunächst auf einem breiten Schotterweg steil bergab. Dann verengt sich der Weg etwas, und man folgt ihm weiter bis zum Schneibsteinhaus. Auch im Carl-von-Stahl-Haus ist eine Einkehr möglich – hierzu geht es an der Weggabelung vor dem Schneibsteinhaus nach links bis dorthin. Der Rückweg zur Bergstation entspricht dem Hinweg.

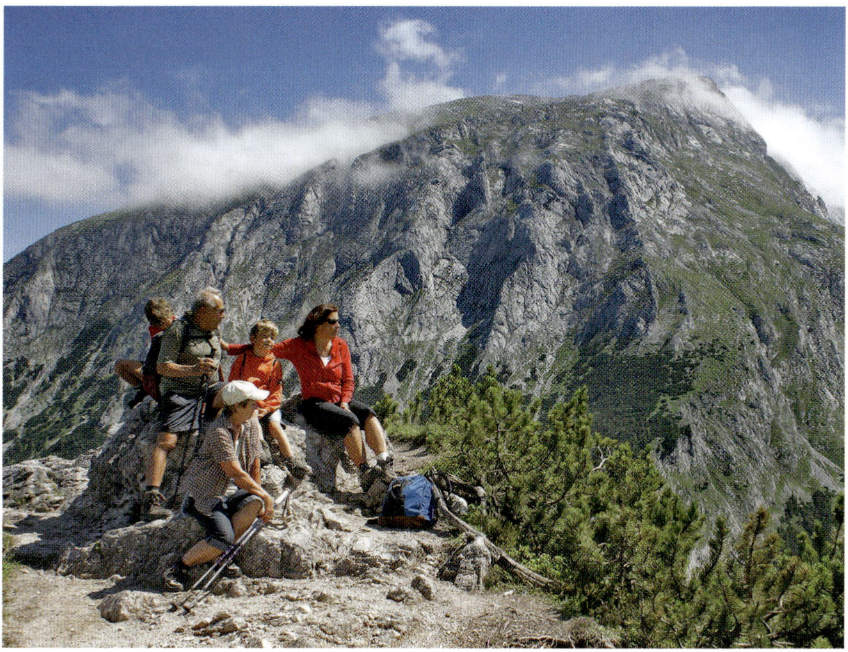

Familienglück auf dem Gipfel des Jenner, der auf einem kurzen, bequemen Weg von der Bergstation aus erreicht wird.

Am Königssee

Unweit der Talstation der Jennerbahn kann man durch die Geschäftsstraße zum Königssee hinunter gehen. Hier empfiehlt sich eine beschauliche Bootsfahrt zur Wallfahrtskirche St. Bartholomä, am besten in den ruhigeren Stunden am Spätnachmittag. Bei der Überfahrt wird vom Boot aus das berühmte Königsseeecho losgeschickt, das sich an den Felswänden der Archenwand fängt und zurückgeworfen wird. Empfehlenswert ist ebenso ein Abstecher von der Talstation aus zu Fuß zum Malerwinkel. Dort hat man nach Süden einen herrlichen Blick über den fjordähnlichen See bis zu den markanten roten Zwiebeltürmen und Kuppeldächern von St. Bartholomä, umgeben von einer beeindruckenden Felskulisse. Für ein so unvergessliches Motiv sollte auf keinen Fall der Fotoapparat vergessen werden! Vom Malerwinkel aus kann man entweder auf dem Hinweg wieder zurückgehen oder den Rundweg in Angriff nehmen, mit einem Abstecher zum Aussichtspunkt Rabenwand.

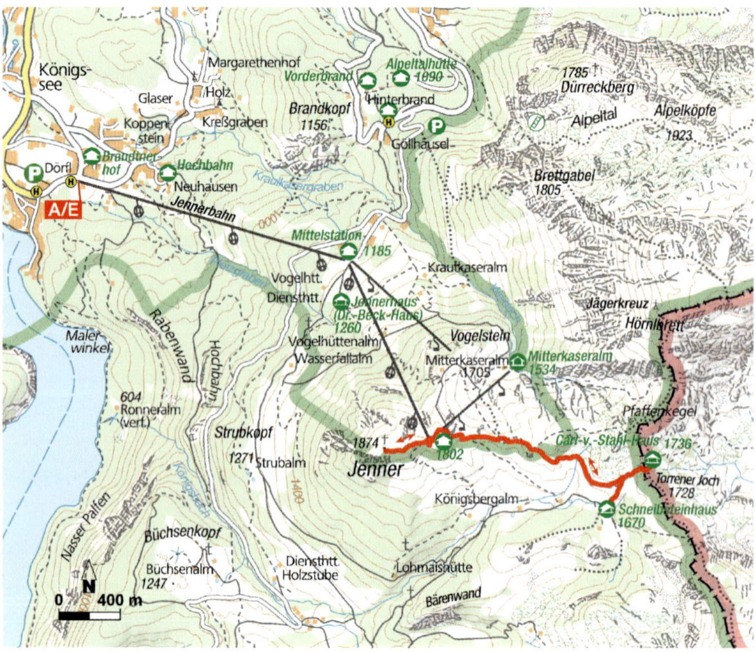

Auf einen Blick

GEHZEIT UND SCHWIERIGKEIT

Mittel | 2 Std. mit Jennergipfel | 210 Hm Auf- und Abstieg | Bequemer Almweg, nach der Bergbahn kurzzeitig steil

ROLLSTUHLGEEIGNET

Barrierefrei, ohne Umstieg aus Rollstuhl, Bergrestaurant Jenneralm und Umfeld Bergstation barrierefrei

AUSGANGS-/ENDPUNKT

Talstation Jennerbahn (Haltestelle und Parkplatz)

ANFAHRT

Bus & Bahn: Bahn München–Salzburg bis Freilassing, weiter nach Berchtesgaden und von dort mit RVO-Bus 841 zur Haltestelle »Königssee-Jennerbahn«; **Auto:** A 8 München–Salzburg bis Ausfahrt Bad Reichenhall, weiter nach Berchtesgaden und dort den Wegweisern zum Königssee bzw. zur Talstation der Jennerbahn folgen

EINKEHR

Bergrestaurant Jenneralm
Tel. 08652/95 81 53,
www.jennerbahn.de; Carl-von-Stahl-Haus, Tel. 08652/655 99 22; Schneibsteinhaus, Tel. 08652/25 96

KARTE

AV-Karte 1:25 000, BY 21 Watzmann/Nationalpark/Königssee

INFORMATION

Tourist-Info Berchtesgaden, Tel. 08652/656 50 50, www.berchtesgaden.de; Jennerbahn, Tel. 08652/958 10, www.jennerbahn.de

WEGALTERNATIVEN

Leicht | Ab der Bergstation über die Königsbachalm und den Hochbahnweg zur Jennerbahn-Talstation: bequemer Almweg, teilweise steil, 1200 Hm Abstieg, 3.15 Std.
Leicht | Ab der Bergstation zur Mittelstation: bequemer Almweg, teilweise steil, 50 Hm Auf- und 650 Hm Abstieg, 2.30 Std.
Mittel | Ab der Bergstation über die Gotzentalalm nach Kessel, dort Rückfahrt mit dem Schiff nach Königssee: bequemer Almweg, teilweise steil, sowie gut angelegte Wanderwege, 100 Hm Auf- und 1300 Hm Abstieg, 3.30 Std.

Register

Impressum

Verantwortlich: Sabine Klingan, Julia Bobinger
Lektorat und Redaktion: Julia Bobinger
Layout: Eva-Maria Klaffenböck
Repro: LUDWIG:media
Kartografie: Bruckmann Verlag GmbH, Heidi Schmalfuß
Herstellung: Bettina Schippel
Printed in Poland by CGS Printing

★★★★★

Sind Sie mit diesem Titel zufrieden? Dann würden wir uns über ihre Weiterempfehlung freuen. Erzählen Sie es im Freundeskreis, berichten Sie Ihrem Buchhändler, oder bewerten Sie bei Onlinekauf. Und wenn Sie Kritik, Korrekturen, Aktualisierungen haben, freuen wir uns über Ihre Nachricht an Süddeutsche Zeitung Edition, c/o Bruckmann Verlag GmbH, Postfach 40 02 09, D-80702 München oder per E-Mail an lektorat@verlagshaus.de

Unser komplettes Programm finden Sie unter verlagshaus24.de

In diesem Buch wird aus Gründen der besseren Lesbarkeit das generische Maskulinum verwendet. Weibliche und anderweitige Geschlechteridentitäten werden dabei ausdrücklich mitgemeint, soweit es für die Aussage erforderlich ist.

Bildnachweis
Alle Bilder im Innenteil stammen vom Autor, mit Ausnahme von: S. 7, 155: Jennerbahn; S. 15, 19: Ehrwalder Almbahn; S. 23: Benedikt Lechner; S. 48: Blombergbahn / Bhavana Franke; S. 66: Alpenbahnen Spitzingsee / Richard Mairhofer; S. 85: Thomas Kujat; S. 89 oben und unten: Bergbahn Hocheck; S. 115: Tourismusverband Kufsteiner Land / Lolin; S. 116 oben: Tourismusverband Kufsteiner Land / W9 Studios; S. 151: Predigtstuhlbahn

Umschlagvorderseite: Fantastischer Blick vom Gipfelweg am Wendelstein nach Süden (Wendelstein GmbH / Thomas Kujat)
Umschlagrückseite: Idyllische Aussicht auf den Chiemsee vom Höhenweg unter der Kampenwand (Tour 25, Michael Kleemann)

Die Deutsche Nationalbibliothek verzeichnet diese Publikation in der Deutschen Nationalbibliografie; detaillierte bibliografische Daten sind im Internet über http://dnb.d-nb.de abrufbar.

ISBN: 978-3-7343-2852-7